对坐之间

心理咨询实务工作者须知

陈一鸣 著

SPM
南方出版传媒
广东经济出版社
广 州

图书在版编目（CIP）数据

对坐之间：心理咨询实务工作者须知／陈一鸣著．—广州：广东经济出版社，2021.3
ISBN 978－7－5454－7696－5

Ⅰ．①对…　Ⅱ．①陈…　Ⅲ．①心理咨询　Ⅳ．①B849.1

中国版本图书馆 CIP 数据核字（2021）第 018274 号

责任编辑：赵　娜　陈丹扬
责任技编：陆俊帆
封面设计：读家文化

对坐之间：心理咨询实务工作者须知
DUIZUO ZHIJIAN：XINLI ZIXUN SHIWU GONGZUOZHE XUZHI

出版人	李　鹏
出版发行	广东经济出版社（广州市环市东路水荫路 11 号 11～12 楼）
经　销	全国新华书店
印　刷	佛山市迎高彩印有限公司 （佛山市顺德区陈村镇广隆工业区兴业七路9号）
开　本	880 毫米×1230 毫米　1/32
印　张	6.75
字　数	151 千字
版　次	2021 年 3 月第 1 版
印　次	2021 年 3 月第 1 次
书　号	ISBN 978－7－5454－7696－5
定　价	35.00 元

图书营销中心地址：广州市环市东路水荫路 11 号 11 楼
电话：（020）87393830　　邮政编码：510075
如发现印装质量问题，影响阅读，请与本社联系
广东经济出版社常年法律顾问：胡志海律师

目　　录

第一章　心理咨询师的立场与觉察

实际上，关于心理咨询工作，我无法以一种有趣的方式娓娓道来。当咨询者将一个个与此专业相关的问题摆在我面前时，我所面对的最大的问题不是如何满足他们对于答案的需求，而是自己所给出的答案是否能够被充分地理解。

作为一门与人类意识息息相关的专业，我相信无论你以什么方式学习它，关于“觉察”或“了解自我”这样的课题似乎总会被有意无意地强调——觉察某些情绪经验，感受它们、表达它们。但“觉察”究竟是什么，该如何使用它，用法不当又会发生些什么呢？这是个不错的议题。关于了解自我，这里我将强调一个核心的先决要素——立场，我也相信这个要素将在你成长为一名合格的心理咨询师的历程中起到关键性的作用。

一、解决问题，还是培养能力

医生有医生的立场，护士有护士的立场，彼此亦有各自的界限、权利和职责。

人们站在自己所属职业的立场上说话自然会显得更为专业。比如，当你以心理咨询师的角色进行实务工作时，你势必会以心理咨询师的立场、视角看待问题。记得一次咨询实务演练过后，扮演来访者的学生给出了这样的总结："呃，怎么说好呢，我能够感受到心理咨询师很专业，每一项技术都很好，但总觉得人不见了。"

另外，我也听到过一名心理咨询师分享说："我在生活中有意避免把专业的技术带回家，用在自己周围的人身上。"

想象你面前坐着的是一名极为专业的心理咨询师，而她正使用着那些冷冰冰的专业技术，按照书本上的要求，让自己尽可能地与你建立起平等的关系，尊重你、接纳你，无论在你身上发生过多么难堪的事情，她都不会评价你，只会关切地注视着你，倾听你的喜怒哀乐，回应你，简述你的语意。当然，她也会专业地称之为同理心，这也可以叫作共情。她会在你毫无察觉的时候悄悄在心里告诫自己："要共情！要共情！上次进行实务演练的时候，老师所指出的问题，正是共情能力不足。"

而当我询问她何谓心理咨询的时候，她若有所思地告诉我："心理咨询就是解决问题呀！帮助来访者解决他们所遇到的问题。当然，培养来访者解决问题的能力也是极为重要的。"

事实上，我们都知道能力是一个相对的概念。相较于那些瘫痪在床的人们，一个健康的人即使是拿起一双筷子，也是一种能力。

因此，对来访者而言，所应培养的能力，实际上就是解决问题的能力。根据每一个来访者的具体情况，针对他所面临的困境培养其能力，这无疑是一件极为重要的事情。对心理咨询师来说，使来访者获得这种能力则是一段咨询工作的完美收尾。

若你的来访者在接受能力培养后具备了解决某类问题的能

力，此后又借助使用能力解决问题时所获得的成就感，积极解决人生所遇到的其他问题，进而挖掘出自身更多的能力，这对你的咨询工作而言无疑是莫大的认可。就理论而言，咨询工作到此就结束了。只是作为心理咨询师，无论你是否有拖延治疗时长之嫌，为了避免对来访者造成二次伤害，我都建议各位适时评估自己那套为来访者量身定制的治疗方案，判断其是否偏离解决实际问题这一根本目的，即是否与事先拟定的同盟目标相去甚远。

而就能力培养这项议题而言，作为心理咨询师我也有义务让来访者明白一个简单的道理：并非成就大业才叫有能力。如同前文所提到的那样，对一个瘫痪在床的人而言，能拿起一双筷子，便已经是很不得了的能力啦。

二、需要被澄清的议题

心理咨询工作就是帮助来访者解决他们所遇到的问题，于是我对前来培训的心理咨询师提出了以下问题：心理咨询过程中所指的解决问题究竟是解决什么问题呢？

如果你在课堂上没有因为沉湎于自己的情绪世界而忽略其他，那么我相信你会留意到老师口中的一个关键词：跟随。来，让我们暂且记住这个词。

现在，我们将心理咨询工作的基本架构简单依次排序为：找到信念、解除防卫、澄清模式、发现真相、重新开始。

那么需要解决的问题无疑是发现真相这一步骤中所指的真相。就真相而言，其对应的问题，真的就是来访者一开始提出的问题吗？

事实上，来访者提出的大部分问题在解除防卫的步骤结束之后，不会再被提及，取而代之的，则是被澄清出来的那些新的问题。

“天哪！那么假使按照这个步骤一直探讨下去的话，指不定还能澄清出多少个问题呢！”

放心吧我的朋友，要知道这一切就跟写文章似的，如果把来访者走进咨询室到完成发现真相这一过程当作一篇文章的话，那么我会给它添上一个个人化技术的标题。在心理咨询学中，我们将个人化技术定义为：持续努力将焦点引导至来访者身上，从而找到解决其困难的个性化的方法。

三、正确的觉察

接下来，我们继续分析“跟随”的概念。专注聆听与同理心是构成跟随的两大要素，而心理咨询师在心理咨询中时常提到的真诚、尊重、平等、接纳、不评判等词汇，均是其个人在进行咨询工作时应具备的素质，这些与跟随这项技巧并无必要的关联。

所谓强调，即有所侧重，并不能对未被强调的部分予以否定或排斥。这就好像一名刑警，当他穿上警服的时候，他需要做的就是强调，即侧重于使用自己的理性思维，但这并不意味着他不能保留感性思维，比如他可能会在分析案件的过程中突然开个小差，因想起儿子的考试成绩而出现一阵焦虑。一名心理咨询师在实务工作中能够侧重于真诚、尊重、平等、接纳、不评判等素质，但这并不意味着其面对生活时无法判断该在哪些时候表现出自己的不真诚、不尊重、不平等、不接纳。事实上，只要你细心观察，会发现大多数实习心理咨询师身上都会出现一种类似于退行的现象，早前我将这种现象称为过度觉察。顾名思义，无论是在课堂上还是生活中，他们总在不停地觉察自己，从觉察自己的情绪到觉察别人的情绪，从表达自己的情绪升级为表达自己的需求。

好吧，如果这样讲让你感觉太过抽象，告诉你一个直观的鉴别方法，试想你遇到了如下场景：有一天，你认识了一个自称学过心理咨询的人，她很真诚，无论想到什么都会立即表达出来。但夸张的表达，虽然很有道理，却令人厌恶。她总盯着你的眼睛看，让你有些发怵。你脆弱、敏感，内心容易受伤，还有堆积多年却始终无法解决的家庭问题，这让你总会觉得自己做错了事，却又不知道自己究竟错在了哪里。似乎除了道德以外，她还能用尊重、平等、接纳、不评判甚至更多的标准来要求你、制约你，就好似她是专门研究这些名词的专家。

行了，我并不觉得写出更多的特征能改善些什么。但我时常告诫自己的学生们，咨询工作只会呈现出一种样貌，那就是来访者的转变。无论你是在正统的教育中学习，或是在有限的资源中苦苦求索，咨询工作就只是固定的那样。我的意思是说，心理咨询工作并不会因为你的资源有限而呈现出另一种样貌。

不得不承认文化的多元确实会导致心理治疗技术被重新审视，但原有治疗方法的更迭或创新也会引发副作用。因为每一种疗法都有一套完整的哲学体系——与其相关的研究通过以治疗为目的的探索，整合结果，并依此设计出模型，经反复检验后形成最终的成果。

也就是说，一套治疗方法的诞生及其作用的方向是源于一个心理学流派，借助其尊崇的哲学理念对人进行思索、辩证与研究，并将其运用于心理学的各类相关工作中。在彻底澄清和界定心理咨询工作本身究竟为何之前，我们还无法将自己所习得的知识和技能有效地整合进来。

举例来说，某天下班后，当我无意间查看自己的收入时，会感到一阵恐惧与迷惘："他们为什么给我钱？"很快又会找到答案："因为我解决了人家的心理问题呀。"

"可我又是怎样做到的呢？来访者的问题真的解决了吗？"

"好了好了，他们一定好了。是的，结束时他们确实是笑着离开的，临走时还感谢我来着。"

"可这真的就是咨询吗？这样我就是心理咨询师了吗？"

"算了算了，模糊科学嘛，模模糊糊的，大概也就是这个样子了吧。"

正如我在前面提到的，心理咨询工作呈现出的唯一的样貌，即来访者真切的转变。而这也是用以评定心理咨询师是否专业的唯一依据。你要与来访者建立起良好的同盟合作关系，尊重对方的意愿，因为渐渐地你会发现来访者的意愿（愿意面对的程度）或勇气（敢于面对的程度）皆可被视为一段有效的心理咨询工作的核心。

虽然个体受问题影响的程度不同，但就解决问题而言，意愿和勇气缺一不可。我的意思是，就生活中的一般问题而言，存在较强意愿和勇气的人更偏向于自己解决，尽管我不认为这是心理咨询师成长的核心催化要素，但不否认这是其必不可少的一项先决条件，亦是一名合格心理咨询师的重要素质的体现。所以这就像是一个悖论，如果你的自我定位是一名心理咨询师，那么我相信你不会把大部分的训练时间耗费在扮演来访者的角色上。反之，如果你对外宣称自己是一名心理咨询师，却又于训练中因胆怯、犹疑而徘徊于心理咨询师的座位前，那么我们便可以将“坐上心理咨询师的座椅时如何克服焦虑、恐惧”当成需要解决的问题。因为在训练时仅扮演来访者的角色，不是长久之计。

所以，不妨检视一下自己究竟是否有意愿成为一名合格的心理咨询师。若没有真诚面对的态度，即便有再多的觉察，其也不会对学习、开展咨询工作起到实际的作用。以至于时至今日，再遇到类似的学生，我会和他们进行这样一个交流：你在课堂上学习到的究竟是咨询，还是觉察、体会及表达？假使你非常笃定自己所学到的是心理咨询，那么我希望你一定要在咨询的学习中弄明白觉察为何。因为就咨询工作而言，觉察是一名心理咨询师不可或缺的现象学视角，是体现一名心理咨询师综合素质及能力的重要评判指标，更是咨询工作在狭义上被称作谈话治疗的先决要素。所以每一次对学生解释觉察与咨询工作的关系时，我一定会强调觉察并不是指某个人所具备的某种超能力，而是承认现象学中的存在本身。

就好比此刻的你，站在哪里，或是坐在哪里，身边有什么，哪些被你注意到了，哪些是你余光所及却不在意的，而哪些又是你看不见的呢。是的，存在本身无关你是否承认、接受或评判。

对于心理咨询师而言，需要做到开放、尊重与接纳。我们都知道心理咨询师在治疗中所需要使用的是后设认知知识，假如心理咨询师拒绝承认或接纳来访者通过口语、非口语所提供的信息，那么心理咨询师从筛选机制里筛选出来的会是些什么呢？其中又掺杂了多少属于心理咨询师的个人经验或预判呢？从这个角度来看，反移情的运用就像是一种对可知信息的视而不见，致使心理咨询工作的效能或质量无法得到保障。

四、觉察在咨询中的应用

觉察即对存在的承认，但不表示对于同一名来访者的同一个议题，每一个心理咨询师都能觉察并收集到一致的信息。这就好比当另一个人与你处在相同的环境、相同的位置时，即便他和你呈现出相同的姿态，也并不表示他觉察到的信息数量和内容会与你的完全一致。

例如，他的身高或许比你高上些许，视力却不及你的好。显然，这些正常的差异并不会导致个人所摄取的信息出现质的区别，至少你和他都能确认你们确实处于同一个地方。也就是说，你们都在同一个位置上承认并接纳了眼前存在的信息。

但要知道，虽然觉察这一行为会贯穿整个咨询过程，但就觉察本身的全部功能而言，也就止步于此了。

所以对过度强调觉察的人来说，事实上他们呈现出来的是一种与觉察并不存在直接关系的连续心理活动。因为觉察仅仅是一种基于承认的态度的行为，是一种对“存在”本身的了解过程，甚至连接纳与评判的态度也都是发生在觉察之后的。那么问题来了，我们所说的这一连续心理活动究竟指的是什么呢？

这么说吧，让我们回忆一下所经历的咨询。当我们要求来访者去觉察自己的时候，我们所说的觉察是什么？

很明显，觉察往往会出现在咨询时包含动机的、有指向性的、有目的的问话之中。例如，心理咨询师会说："来，觉察一下自己，当你说到……的时候，你体验到了什么？"

是的，心理咨询师不会平白无故地问出这样一句话。来访者对这句问话做出的回答，对心理咨询师而言大都具有一定的功能性，即心理咨询师期望能从来访者的回答中，搜集到一些能够被专业概念化的且能对咨询历程起到建设性作用的信息。同时，觉察也是一种具备指向性的行为，关联事件与个体此刻的状态，因此对于来访者而言，这句问话亦要求其通过此行为，给出新的信息，其目的仍旧是便于咨询历程的推进。

而此问句中，觉察一词所涵盖的心理活动则包括从专注到感受，从感受到在意，而后又将所在意的信息提到意识层面，并与感受进行再关联，从而表达出连续的整体过程。

作为心理咨询师的我们，一定要明确心理咨询师个人需要具备的觉察能力与咨询过程中对来访者进行的觉察之间的区别。重申一次，心理咨询师需要具备的觉察能力，是懂得在咨询中尽可能地以开放与承认的态度，通过口语及非口语的方式，应对咨询室内的一切存在（包括来访者和自己）。

这也是一种对专注力的强调，就好比警察破案时，先要专注于案件本身，而非立刻对案件中的某些信息主观、片面地做出判断。也就是说心理咨询师不应急着为这些存在做些什么，而是要提高自己的专注力，并在专注的同时，尽可能地保证客观，且懂得以来访者的视角看世界、感受世界。

也只有通过这一方式搜集信息，并以多元文化下的共同价值观为参照，梳理、澄清及整合信息，才有可能设计出更符合来访者切身利益的咨询策略。因此，当心理咨询师急于对来访者提出疑问时，请务必注意区分自己所要提出的问题，究竟是出于对治疗步骤的客观考量及需要，还是出于自身对来访者的好奇及预设。

心理咨询师之所以会对一些内容产生好奇心理，很可能是因为它们触碰到了心理咨询师自身的一些未尽事宜，而这无疑会对来访者和咨询过程产生负向甚至破坏性的影响。这也就是我们常说的反移情现象。但当此现象出现时，心理咨询师不要急着做些什么，而要专注于来访者的信息。反移情现象确实存在，它是一种自然的现象，是人类的自然心理活动，不存在对错之分。所以当务之急，不是慌张地去关注、压抑、评判它和此刻的自己，而是试着让它继续保持存在，即在已被觉察的范围内，承认它的存在就好。这就好比你知道莎士比亚这个名字，也知道莎士比亚是一个男人，至于你是否喜欢莎士比亚，以及对他了解多少，在这一刻都无足轻重。

是的，到这里，也就描述完觉察的全部功能了，也只有这样，你才能够在后续的咨询工作中，客观地评估并利用自己的反移情。比如，分辨自己的反移情反应，并了解其中哪一部分是与来访者互动时产生的，它们在很大程度上可能源自来访者的有意而为之。换句话说，心理咨询师的某些反移情反应，其实是来访者想要看到的。例如，一个在人际关系中总是欺压他人的来访者，很有可能在咨询中让心理咨询师感觉到被欺压。对于来访者而言，这只是一种自然而然的社交习惯。然而有些心理咨询师则有可能在这种被欺压的环境中联想到自己生命中那些未被处理的过往情景，并将其带入咨询之中，从而与来访者发生反移情反应，进行不良互动。那么这个时候，正如前文所说，心理咨询师有义务在咨询历程中不时地检视自己，当觉察到自己已经发生了反移情时，将其停止，与其保持一定的距离，回到咨询应有的稳定状态之中。最后，借由对此反移情现象客观的分析，心理咨询师可以反推出来访者的需求及其惯有的人际互动模式。例如，这名感到自己被人欺压的心理咨询师，他不会因为反移情，而陷进“当自己被人欺压时”的人际互动模式里，而是有能力让来访者意识到他在人际互动中，会有意无意地欺压周围的人。其缘由，则是后续将要探讨的内容。

如此看来，对于口语的或非口语的信息，心理咨询师需要做的，是能够从可觉察的范围中，以开放、承认的态度，不过分、不失客观地直面它们。不对这些信息做出任何动作，这也是一种稳定力。这样的能力不仅是接纳的体现，也是咨询过程中咨询师必备的基本功。更为重要的是，只有练好这样稳固的基本功，才能确保在其后的咨询历程中同理心技术得到有效运用，从而真正走进来访者的内心，并逐步完善心理咨询师专业所需要的且具备效能的信息筛滤机制。

心理咨询师在咨询过程中对来访者提出觉察，是要求来访者完成一整套连续的心理活动，从而了解更多关于来访者的信息，并将其运用于咨询中。

心理咨询师要懂得真正运用自己开放与承认的态度，以存在本身为尊重与接纳的起点，将自己习得的专业知识与技能，运用到后续的咨询工作之中，避免过度觉察。因为真正会对咨询造成负面甚至破坏性影响的，时常是那些未被觉察的东西。其中一部分需要通过心理咨询师的不懈成长才能发现、处理；而另一部分，则仅仅是由于心理咨询师的不专业造成的。

觉察，即承认现象学中存在本身之过程。心理咨询师应坦然面对，并承认能觉察到的每一样事物。

然而，接下来我们需要试想的，就像此刻正握在你手中的这本书，只要你看着这部分文字，就无法看到被封面或书脊遮挡的文字。

但对于咨询工作而言，心理咨询师不怕看不到那些被遮挡的部分，而是怕忘记还有一些与存在（即可被觉察到的部分）密切相关的东西，即被遮挡的部分。

因此咨询工作中出现了一项不可或缺的技术——同理心。很明显，当代心理咨询工作中使用最为广泛，且最具实用价值的技术莫过于同理心。而本人撰写此书的目的也正是给即将走向咨询岗位的朋友们，提供一个最为基本的咨询架构与整体观，以便朋友们将自己所学的专业知识与技能，更进一步地整合、反刍、稳固与创新。

第二章　咨询心理学
——心理咨询及各治疗学派的界定

相信很多学生在面临咨询工作时会提出以下几个问题：

辛辛苦苦学了这么多的理论，每个流派看似都自成一脉，亦有独属的治疗技术，那么究竟什么才是心理咨询？

什么样的技术才算是合格的咨询技术？催眠、格式塔还是精神分析？

叙事治疗、艺术表达疗法，为何一个叫治疗，一个叫疗法？

哪种方式才是适合自己的呢？是要把这些流派中的技术整合在一起使用吗？为什么又有专门的催眠师或叙事治疗师？

当然，一些自我要求严格的学生也会把着重点放在心理咨询师个人成长的部分，所以我难免会听到学生问："作为心理咨询师的我该着力于哪些部分的成长？就我个人而言又该如何成长呢？……"甚至是一些关乎伦理的议题。这些问题在学生提出的问题中占比很小，我也专门收集与整理了同学们的其他疑问，将在后文中单独在一个章节作答。但在此之前，我希望大家试着回答上述的这些问题，观察自己对于咨询的反刍程度如何。

一、咨询心理学

今天，当我们对一名心理咨询师的基本咨询能力做评估的时候，我们会根据以下这些标准进行考量，包括：

①对自我的觉察能力。

②对来访者的觉察能力。

③场面构成技术。

对案主的支持接纳、协助来访者厘清咨询目标、安排咨询时间。

④咨询历程的技术。

引导来访者开始谈话、就重要主题进行聚焦、引导来访者开放、克服来访者的抗拒。

⑤结束谈话的技术。

摘述来访者的话、提出明确可行的行动策略、保证最后的支持与增强。

⑥个案诊断技术。

观察搜集到的重要资料、有架构地进行个案诊断衡鉴、提出适当的假设、在晤谈中测试假设、和来访者讨论处理计划、明确说明介入策略、评估咨询的进展、自我表露、面质、分析对自我觉察与对案主觉察的内容、处理专业伦理的问题。

⑦评量及探讨咨询关系的能力。

需要注意的是，尽管这些标准明确涵盖了心理咨询基本架构的各个重要方面，但在实际的咨询过程中，并不意味着心理咨询师就得按照上述之顺序进行。也就是说，这些方面确实是一名合格心理咨询师应该做到的，但不表示各方面之间存在着必要的先后顺序。因为来访者的实际反应，才是咨询工作成效的重要考量标准。只可惜我们尚不能将来访者真实反应与咨询历程有效性结合的考量标准明细列出来。

但在能够考量的范围内，我们仍需要按照找到信念、解除防卫、澄清模式、发现真相、重新开始的顺序，就个案的实际情况达成其特有的治疗目的。这是基本步骤，是一名合格的心理咨询师需要掌握的实务操作的基本结构，它被称为“心理咨询基本架构”，这也是我在上文中一直强调的心理咨询工作的核心构成要素。

你在生活中或多或少地会接触到各不相同的心理咨询师，他们之中有的会说自己是格式塔治疗师，也有的说自己是精神分析咨询师、青少年问题咨询师、家庭婚姻咨询师、叙事治疗师甚至是催眠师等。连心理学与心理咨询都会混淆的普通人很难对其加以区分。

那么接下来，在系统地说明咨询工作之前，先来简单地梳理一下今天我们所说的正规的心理咨询专业究竟从何而来，又该如何加以区分。

首先，我们以历史演进历程将心理咨询的学派分为三大类，即推崇洞察与自我觉察的学派、注重行为和行动的学派（理论）、后现代整合取向（学派）。

其中，推崇洞察与自我觉察的学派包括精神分析学派（心理分析/心理动力学派）、阿德勒学派、存在主义学派、个人中心学派、完形学派。

注重行为和行动的学派（理论）包括行为学派、认知/行为学派、现实学派（抉择理论/现实治疗）、短期心理治疗。

后现代整合取向（学派）则包括家族系统治疗、女性主义学派以及叙事治疗。

如何更好地理解这些学派呢？

一般情况下我会要求学生记住四个名词及两个人名——对立、格式塔、人本主义、挑战，以及弗洛伊德与阿德勒，以便加深对这些学派的理解。

客观来看，弗洛伊德的理论对当时欧洲的影响远不止精神病理及心理科学，还包括政治、哲学以及符号学。弗洛伊德的精神世界再一次证明了人们所追求的是完美，而不是完整。当我们能够抛去那些被好、坏、对、错、应该、不应该框缚的偏见与评判再看弗洛伊德的时候，偏执或许不是对他最好的评价。尽管孤注一掷是对完美的特有诠释，可内外一致也是心理咨询师们奢望与追求的崇高品质。

心理咨询师的职业精神即对一个人好，不是让他觉得你有多好，而是让他觉得世界更好。就此而言，弗洛伊德的理论让众多的心理学家及哲学家看到了世界——心理学界，或有更多更好的可能，新理论层出不穷、遍地开花。

二、关于催眠

这些新理论中最为绚烂的当属与弗洛伊德同一时期且关系最为紧张的阿尔弗雷德·阿德勒提出的理论。之所以让朋友们记住这两位理论家的名字，不仅是因为他们开启了用心理学治疗人类心理问题的探索，还在于他们对心理咨询体系发展做出的贡献。

更为重要的是，虽然已时过境迁，但这两个人的部分核心理论仍旧没有过时。不过分地说，于此之后的所有咨询理论，无非是对其二人核心理论的修正、延伸与拓展罢了。

我在本书中迟迟没有提及催眠这个词，这里也该顺带一提了。

什么是催眠？简而言之就是通过声东击西造成的反应，一方面转移你的注意力，另一方面趁机给你一些不易察觉的提示，也叫暗示。为什么不易察觉呢？因为转移了你的注意力呀。或许你会好奇这样的现象平常自己会遇到吗？其实，催眠无时无刻不在，试想你正坐在某地和朋友聚精会神地聊天，突然莫名地感到一阵烦躁，此刻，不妨静下来听听，说不定周围正在播放一首难听的歌，或是刚刚谈过的某个话题让你联想到了某件尚未解决的事。类似的例子比比皆是，催眠甚至被用到团体之中。一些公司时常举办一些激励员工上进的活动，活动中带领人会强调某种被合理化的团队精神，然后鼓励员工做出一些非理性行为，以增强员工对公司的效忠决心或对所谓的美好未来的向往，甚至做出一些过激的行为，例如，用巴掌扇同事的脸，羞辱同事或是自己。当然，只有作为旁观者的我们才会称这样的行为为羞辱，对团体内的成员而言，他们更多的是沉浸于对此精神的深切体会中。

那么他们就一点都不觉得没有尊严吗？是的，尊严的概念被悄悄地偷换掉了，取而代之的，是比尊严更具价值的精神。所以，“洗脑”课程中，团体的领导人会把大家的注意力集中在某件事物上，再用一些看似合理的概念进行替换，利用情绪力量强化这种思维模式的正确性，导致成员们无法转移自己的注意力。他们不仅无法重新审视自己的行为，甚至会将这些本就由“被合理化”产生的现象再次合理化，所以这种合理化向来与合理无关。

由此看来，催眠无非是一种对人类的普遍心理现象加以运用的方法而已，类似于某种工具。拿针管来说，对于患者，医生会在其中注入能够治愈患者的药物，而对于即将被执行安乐死的囚犯，针管可就不只是安乐这么简单了。需要澄清的是，就心理治疗而言，所谓的催眠技术并非精神分析时期之前人们提到的用以欺骗或操控的催眠，而是借由弗洛伊德意识理论“起死回生”对人类普遍心理现象进行探索与开展治疗工作的操作方法。

讽刺的是，就弗洛伊德本人的治疗观而言，他似乎早已放弃了这项技术。老爷子玩催眠的时候发现有些人竟然能做到无催自眠。也有一部分人是无法被催眠的，今天我们会管这类人叫内向的人，于是弗洛伊德以自由联想的方式将其取而代之。

因此，由催眠而直接联想到精神分析无疑是某种太过于发散的“自由联想”。因为确切地说，今天我们所了解的催眠技术大都源于 20 世纪的医疗行业，彼时对于应激反应的治疗以及各类麻醉药物尚未普及。

历史书上管这个时期叫“第二次世界大战之后”。

三、当代心理咨询的萌芽

如果说哲学的意义是探究事物的本质，那么战争则告诉我们这样的探究并没有任何意义可言，就像那些被我们亲手摧毁的不再有本质的事物。对于心理学及心理咨询专业的发展而言，第二次世界大战的结束意味着一个大时代落下了帷幕，结束了精神分析学派对欧洲近半个世纪的统治。在这样一个转折点上，一位曾在第二次世界大战中冒死溜进德国学习海德格尔存在主义哲学的法国年轻作家——让·保罗·萨特，于 1945 年 10 月走进了法国现代俱乐部，并为大战后的法国人民作了主题为“存在主义是一种人道主义”的激情演讲，以“先创造而后有意义”的理念，冲击了耽溺于丧失秩序与迷惘的法国哲学界，进而为第二次世界大战后的西方哲学界输入新鲜血液。其间，除了胡塞尔与海德格尔，欧洲的哲学家、社会学家无不对此思想于大众之影响倍加重视。文艺青年让·保罗·萨特适时的渲染使其理念成了人类哲学史上最具急救价值的思想指导体系，也因此颠覆了哲学探索的原有属性。

的确，即便是今天，大部分人仍然会将哲学探索的核心界定为探索事物的本质。但战争告诉我们，人类不仅具备探索这些我们自以为有意义的事物的本领，同时具备摧毁这些事物的能力。而事物的本质，既不永恒，也无价值。事实上每一次战争都会对人类复述这个道理，但哲学家们仍深信，在那些他们出生前就已经存在的教条与制度中有着某种除了能约束人类还能与大自然甚至宇宙联结的必然意义与绝对真理，他们乐此不疲地探寻着所谓的本质，即使这些教条与制度已残缺不全。

而萨特碰巧遇到了战争。在今天看来，萨特的出现无疑证明了两件事情：一是哲学适时地向文学低一低头似乎并没有什么坏处，身为哲学教师的萨特就机灵地借助小说，将他所理解的存在主义传播开来。二是对于人类的需求而言，将形而上转换为形而下的过程才是形而上价值的有力体现。这就是为什么当你打算学习一个心理学学派的时候，所遇到的第一个课题总会是它的灵魂，即哲学取向。

当然，存在主义心理学并非就此轻轻松松地传播开来了，毕竟欧洲与美洲之间还隔着个大西洋。如果问欧洲人民，萨特所提倡的存在主义最吸引人的是哪一个观点，我相信呼声最高的就是创造，创造一种遵从个人意愿的新的生活方式，进而形成新的社会意识形态。至于其意义为何，本质为何，之后再去赋予就好了。

尽管我们说萨特、胡塞尔以及海德格尔这三个人对存在主义的定义各不相同，但毋庸置疑的是，萨特使得现象学和存在主义哲学这样的非理性主义思潮成了这一时期迷惘的欧洲人民不可多得的“指南针”。带着萨特的观点，哲学从此也由向形而上转变的角色，过渡成了衡鉴者的角色，它像是存在于事物发展过程之中的一个视角，鉴别过去、鉴别自身，也预判人类的未来。

带着这样的视角，让我们一起看看随之而来的 20 世纪 50 年代。第二次世界大战后的欧洲哲学界损失惨重，除了以日内瓦学派为首的极少数学院派仍坚守其岗位外，其他的欧洲心理学家们早在战乱中纷纷逃亡到了美国。而此时的美国心理学界正处在被行为主义心理学“占领”的第四十个年头，是的，正如你在心理学教材上看到的，这正是以华生为首的心理学第一势力如日中天的时代。

但要知道，美国心理学界只是肯定了他的实验理念正中美国实用主义精神的下怀。换句话说，美国需要的是一门纯粹的学科，只有这样才能称其为科学。在此之前的构造主义心理学与机能主义心理学并未能在近一个世纪的对立与斗争中，针对纯粹与实际这两个问题给出令人稍感宽慰的解答。

所以在今天来看，行为主义革命既没能制止机能主义心理学对人类模糊部分的积极探索，也没能遏制住心理学界继续用构造主义心理学向大家介绍心理学的科学性，甚至连行为主义心理学也差点消亡在自己所践行的理论之中。可这又有什么关系呢！历史总是会让少部分人熠熠生辉，因为他们是英雄，他们的名字在过去意味着科学的发展，在今天则意味着标的，用以梳理心理学庞杂、紊乱的历史。

怎么样，听到心理学史这个名称，再加上前面我提到的那些所谓的机能、结构等词汇，不知道朋友们是否已感受到些许压力。接下来要开始讲存在主义心理学以及人本主义运动了。

放松，我的朋友，如果心理咨询工作就这么莫名其妙地在美国展开了，那么我敢保证，你错过的不仅仅是一个清晰的咨询发展脉络，更是这些心理学开拓者们赠送给心理咨询行业的珍贵礼物。

四、心理学起源

回到一个简单的提问，“心理咨询与心理学是什么关系?”

面对这样的问题，学生们常会以 1879 年冯特在德国莱比锡大学创办心理学实验室为心理学的起点来理解。但不可否认的是，弗洛伊德的精神分析才是心理学的“第一势力”。我的建议是不要急着将它们分别定义为研究和治疗。

在上文中讲到，当你开始学习一个心理学学派时，首先遇到的，总会是它的灵魂，即哲学取向，心理咨询与心理学也不例外。如果我们以 1879 年为现代科学心理学之开端，那么在此之前究竟发生了什么，使其得以被称为心理学且被冠以科学的前缀？

首先，我需要朋友们了解心理学的三个故乡，即古希腊罗马——西方哲学心理学思想的故乡，是现代科学心理学的启蒙之地；德国——实验心理学的故乡，是世界现代科学心理学的发源地；美国——构造主义、机能主义、行为主义、认知主义、人本主义心理学的故乡，是当代全世界科学心理学发展的中心。

在了解这些“主义”如何在欧洲生根发芽之前，我们需要注意的一个词叫作“思想”，它往往与心理学这三个字关联，用以诠释人类与形而上哲学的关系。或者说在那个时候，它与哲学尚未完全区分开，它在先哲的思辨中，在逻辑的探索里，你可以管它叫现象心理学，也可以称其为西方哲学心理学思想。它是一种寓于西方哲学中的心理学思想，是作为独立科学的心理学的前身，也是传统科学心理学的思想来源。其主要功能是用哲学观点和思辨方法来研究和阐释与人的心理现象相关的各种理论，主要包括如下特点：

①哲学家集心理学与哲学于一身；没有独立的心理学家。

②主要运用猜想、推测及思辨的方法。

③主要以哲学观点探讨灵魂或心灵的本质、结构、功能和范畴等一系列较为抽象的基本理论问题，且不研究具体的实证问题。

而其中需要我们注意的是 17 世纪至 19 世纪盛行于欧洲的经验主义心理学和理性主义心理学。

经验主义心理学的联想主义是一切心理现象形成的原则，也是冯特“元素主义”方法论的基础。而理性主义心理学更是对冯特“身心平衡论”的二元论思想产生了重要的影响，其借助物理学中引力和斥力的概念，说明了各观念之间的关系，并提出了融合、复合及意识阈、统觉团等概念，为构造主义心理学的形成打下了坚实的基础。

看到这里，我希望朋友们能够了解的不是统觉团或意识阈究竟是什么，而是灵活的思想观念向来是构成一套系统学科的真正先驱。因此，当我们学习心理学的时候，我们需要谨记华生的教训，无论是对构造主义心理学中内省法（即要求被试者将自己的心理活动报告出来，而后通过对报告内容的分析得出某种心理学的结论）的彻底摒弃，抑或是对机能主义心理学中意识的坚决排斥，无疑都是对人类心理模糊部分客观存在的不尊重。

尽管冯特的内容心理学自诞生起便一直与布伦塔诺的意动心理学争斗不断，但正如布伦塔诺的学生斯顿夫总结的那样，联想心理学、冯特的内容心理学以及斯顿夫自己的音乐心理学，大部分内容均属于现象学。也就是说，冯特与布伦塔诺的心理学架构得以“存活”至今，很大程度上取决于两者对科学中模糊部分的接纳（当然，这个所谓的模糊仅仅是指物理上的不可实证）。因此，哲学中的现象说作为存在于科学心理学之前且对心理现象最为客观的描述，便是将此模糊纳入科学范畴的最佳工具。

不过，在这里需要强调的一点是，斯顿夫所说的现象学与他的学生胡塞尔所说的现象学不同。或者说，除了名字相同以外，二者存在着本质上的区别。斯顿夫所说的现象学是指经验对象，如感觉、记忆的内容等，也就是19世纪通常意义上的心理学。但胡塞尔的现象学则是指以本质审查法描述纯粹的意识问题。

是的，即便你是哲学家也不可以将他们的理论彻底地分割开来。

虽然就科学研究而言，斯顿夫这样的观念明显不具备特别的方法论意义，但正如“社会心理学之父”勒温的研究原则一样，即从实际到理论，又以理论指导试验，才有可能得出能被实践检验的有价值的理论。布伦塔诺的意动心理学派显然做到了这一点。

随着冯特的构造主义心理学以及布伦塔诺的意动心理学的诞生，心理学就此登上历史舞台。

五、构建你的咨询观

在心里描绘出一个简洁的心理学发展框架，无疑会对学习心理学起到很大的作用。从表层来理解，这至少不会让你在思想上重蹈覆辙；从深层来看，这或许能启发你找到一些成功的共性或巧妙的设计灵感。但找到这样一种便捷的记忆方式，却是艰难的，尤其是当你翻开《西方心理学史》的那一刻。对此，我的建议是：首先明确你的立场，其次找到一些人，接着了解他们的贡献与局限，最后给出你自己的观点。

我在本书开头已提出了立场的重要性。最起码你得知道自己要什么，这很重要。就类似于当你摊开一张地图时，你得知道自己要去哪里；或是当你翻看一本字典的时候，会由一个被称为疑问的动机，驱使你自己去完成一组叫作查找的动作，从而达到解除疑问的目的。而在这个过程里，所谓的动机，也就是驱动行为的核心，驱使行为达到一个具有指向性的目的。

说白了，不就是要有一个明确的目的吗？是的，听着多么简单，即便是依靠动物的本能也能做到，不是吗？

但无奈的是，人类大脑明确目的的过程总是障碍重重，这主要跟人们的道德观有关。试想我们评价“这个人目的性太强了”的时候，意味着什么？意味着这是一个自私的人。当我们在爱情、友情和工作中被如此评价时，意味着我们的感情受到了质疑，我们也会被贴上功利的标签，于是目的明确就被置于道德与自我认同的抗衡之中。当然，这不表示我们会因此放弃自己的目的，事实上我们更善于将这些明确的目的合理化成一种道德行为，并给予相应的解释，以掩饰自私带给自己的愧疚感。

那么又是什么使得我们专注于一本书或是我们的爱情呢？

我给出的答案是兴趣。兴趣取代了我们对需要明确的目的的专注。换句话说，当你摊开一张地图的时候，不自觉地，一个地名引起了你的注意，以至于你忘记了自己起初摊开地图的目的；自然也有人翻开字典后饶有兴趣地将其当成小百科全书来看，查找动作也就不会发生。

即便我在此对明确自己的目的做出了合理辩护，相信也很难令它摆脱某种自私的嫌疑。是的，你可以把一切带有需要明确目的的行为称为“自私的行为”，但不可否认的是，人们并不具备任何一种能力或资格去让另一个人彻底丢掉自身的那些看似邪恶的动机。在西方文化的人性观中，人从出生起便是邪恶的，需要受到宗教、道德与法律的束缚。自私、贪婪、妒忌或懒惰，都是人们与生俱来的能力，是大自然的产物，只是当我们站在社会构建的角度来看它们时，它们呈现出来的往往是一种企图挣脱束缚的丑陋样貌。因此，我们会选择将它们放到道德的对立面上，以维系社会的平衡。

但正如我所说的，它们除了代表着所谓的人性黑暗面，亦代表着大自然本身对于平衡做出的诠释。就好比存在主义心理学对于死亡、孤独、自由以及无意义的探讨，就生命存在的意义而言，这些残忍的现实所做出的贡献无疑是功不可没的，它教导我们树立就自身能力而言相对正确且有效的价值观来面对生活，寻找到更为适切的解决问题的办法。而我们需要做的是承认它们是自然的产物，不带有任何偏见性评判，坚持平等、尊重的整体观，为寻找到它们之间真实的关联奠定基础，从而应客观环境之需将它们置于它们应该在的位置，发挥其利己利他的功能。

这就像人们常说的，垃圾是放错了位置的资源，而将事物摆放到正确位置的这一过程，我们则称其为整合。

先有整体观而后有整合，就类似于先有整体主义心理学而后有拓扑心理学。因此，从广义的角度来看，咨询中讲到的开放表现在这种与自我认同密切相关的动机之中。是的，你有权利将达到一个明确的目的当成自己学习或生活的动机，这是你的自由，坚定这样的动机，保持明确的目的，可能会帮助你更高效地满足自身需求。与此同时，你也要有足够的自我认同（包括对自己的了解以及能对自身动机的好坏、对错做出明确的判断）才能让自己坚定地在自己的角色中或位置上，给自己最为真实的需求满足。你是一名心理咨询师，就站在心理咨询师的立场上，以心理咨询师的视角将解决问题视为最终目标，来学习心理学这个涉猎宽泛的学科，这便是我给出的第一个建议。你在其他的生活情境中，也会扮演不同的角色，要以不同的角度思考问题，站定位置，坚守立场。

六、有关需求的人本主义立场——被明确的目的

事实上，我会告诉学生们，人在生活中最难做到的，往往不是事情本身，而是对这件事情的自我衡鉴与检视。换句话说，我们做的每一件事情都有其自身的价值——直接或间接满足我们的需求。直接满足很容易理解，即以最为直接的方式获取满足，而间接满足则可以延伸到生活的多个层面，贯穿人的一生。

是的，这听起来着实令人费解，但人本主义心理学家马斯洛在人的动机理论中指出：事实上，人们所做出的任何行为皆关联着某种自我的基本内在需求。从生理上的基本温饱需求，到各个层面的存在价值需求，都要通过各种不同的形式获得满足。但这里需要对大家强调的是基本不等同于基础，很多学生会将需求层次理解为一个逐级满足的过程。似乎只有满足了基本需求，我们才能满足精神或其他层次的需求。

果真如此吗？难道说你在不吃早餐的情况下，就无权向你的爱人索取一个吻吗？事实上，以逐级的方式来呈现需求理论

仅仅是因为：第一，表明其主要描述的是一个人在自然情况下从婴幼儿到性成熟的过程中逐步形成需求递进模式，也就是说需求在自然情况下就已经形成了，无须再等他人刻意而为之。第二，为了突出当年马斯洛在该理论中特别强调的最高层次需求，即自我实现及超自我实现的需求。以前有学生问我："达到自我实现的人是什么样的呢?"我经常建议他们参照存在主义心理学在关于死亡议题的研究中比较有过濒死体验的人与普通人之差异的报告。

但要知道，晚年的马斯洛也慢慢发现过度强调需求满足，会限制人们发展出更多用以应对不被满足及生活危机的实用智慧，甚至会导致人们愈发地以自我为中心。

即便在今天，以自我为中心仍是一种过度赋权的体现。事实上这也是为什么尊重、接纳 、平等、开放难以做到，而且这原本只是人本主义心理学派为了更好地开展人本主义心理学派的咨询工作对心理咨询师个人素质提出的建议。

当然，人本主义并不排斥心理咨询师们在生活中运用这些原则加强自我理解，无奈的是，对于大部分心理咨询师而言，这莫名其妙地变成了一种赋权，他们在生活中把这些原则包装成一种神圣的道德观，强加在他人身上。要知道尊重、接纳、平等、开放指的是一种内化的个人原则，是素质的体现。

尊重、开放、平等及接纳都是一名心理咨询师个人素质的基本。所谓基本，就像是一栋大楼的地基，是人的一切动机的最底层，无须也无法将其更改。也就是说一名合格的心理咨询师，其所有能力都是建立在这个基本特质之上的。所以一旦这个基本特质中掺杂了过多后天被赋予的权利，这些属于心理咨询师的权利（包括了解他人隐私、挑战对方的惯性思维等一系列在日常社交中不被允许或不礼貌的做法）将助力咨询朝一个更好的方向发展。同时，这些权利也是一种对他人的要求。可想而知，当心理咨询师没能真正理解，且未将这些特质很好地融入自己时，其所呈现出来的将不只是伪善，也会导致心理咨询师误读自身角色的基本特质，迫使他人来帮助自己完善界限。

就像罗杰斯的个人中心治疗，如果你选择心理咨询师的立场，那么个人必定会关联到来访者。如若不能坚定这个立场，那么个人中心治疗必会被人轻易曲解成以自我为中心的治疗。

由此看来，我们的基本需求与行为关联紧密，甚至可以说它们是一切行为的成因，所以了解这些基本需求是很重要的。但要注意的是，正如我在上文中提到的，要对一件带有明确目的的事情（即那些可能会干扰或破坏自己基本需求的因素）进行衡鉴，以检视自己在达成目标的过程中，是否明确了真正的需求，并采取相应措施进行调节。

大部分事实明确以前，我们的动机总会掺杂太多的不合理期待，因此当我们发现事实与期待不符时，就会有负面的情绪在心头涌动。这些负面的情绪造成的不良感受，间接影响着我们的需求，从而干扰我们的行为。

仍以学习《西方心理学史》为例，当你翻开这本书的时候，或许你已如我在上一条建议中要求的那样做到了明确目的，且站稳了心理咨询师的立场，以心理咨询师的视角看待书中的内容。但此时的我们，毕竟还没有完整地学习到书中的内容，所以你所期待的学习成果，很有可能会与实际学习情况有所不符。因此，当你迷失在各心理学派的复杂关系之中时，难免会产生负面的情绪。之后，且不说你会否放弃阅读，单就学习的效率而言，想必已是大打折扣。

此时，我们就需要衡鉴自己的需求是否被挫败感、自卑感等不良感受影响。如果感觉到自己的学习需求及学习动力已大打折扣，那么我们需要做的是停下来，然后明确我们内在的哪一部分需求没有被满足，接着做一个假设，即假如换一种形式的话，是否能达到预期效果。

没错，这是一种简易的自我调节方法，能让我们更好地巩固自己的心理咨询师立场，从而让我们已明确的目标，能够在多变的形势中达成。

既然已能够明确自己的目标，那么从心理咨询师的视角来看，我们应该在学习《西方心理学史》的过程中收获些什么呢？

当我们面临这样的问题时，反刍自己的学习经验，就显得尤为重要了。就像我在前文中指出的——最起码你得知道自己要什么。

就《西方心理学史》而言，我给出的建议是，无论作为心理咨询师的你想要从书中收获什么，首先你得找到几个对心理咨询工作发展起到关键作用的人，再将他们关联起来。而由他们组成的脉络，则可被你用来做其他心理学家及学派的重要参照。这就类似于电子导航仪上显示的图标，无论路况多么复杂，你都能知道自己的车开到了哪里。

七、启蒙——贡献与局限

这是一个有关发展的问题，而发展本身，是一件必然的事情，这是我在强调整合取向时会明确的一个基本观点，以避免学生们将整合粗浅地理解为对心理咨询师的某种特殊赋权。换句话说，整合并不是赋予心理咨询师将某几种学派的治疗技术随意混合在一起的权利。

我们知道心理咨询工作的开展，必须建立在来访者提供的信息之上，也就是运用心理咨询师的后设认知对来访者进行谈话治疗。

这里的谈话治疗并非认知学派中的谈话疗法。前文中我提到过治疗与疗法的区别，在对现代咨询架构进行系统的讲解之前，我们可以暂且将治疗理解为对有效咨询历程的一种客观描述。而疗法，则是采取具有针对性的疏通措施，以确保及促进咨询工作有效展开。因此，疗法不等于解决问题的直接方法。

谈话治疗的特点，则在于它的完整性。简单来说，谈话治疗就是对心理咨询工作的另一种称呼，其中谈话并不是指我们在日常生活中所说的聊天谈话，而是将整个咨询空间内存在的部分纳入治疗过程中，并加以考量。

古典精神分析学派之所以会被新精神分析学派取代，是因为其忽略了场域的存在，而只是一味地强调——你听我的。

场域的概念，源于完形—整体主义心理学之核心，即整体观，这也是阿德勒学派区别于弗洛伊德学派的主要因素之一。

熟读《西方心理学史》的同学们不难发现，由布伦塔诺的意动心理学派延伸出的完形—整体主义心理学，无论是对认知革命思潮，抑或是人本主义运动，都起到了至关重要的作用，更是现代咨询中不可或缺的部分。那么场域与谈话治疗究竟存在着怎样的关系呢?

通过觉察，我们可以了解到场域内所存在的东西，从具体的物品（例如桌椅或是窗外的噪声），再到来访者与心理咨询师的心理活动，当这些东西共存于一个空间且发生互动时，就会催生一些反应。例如桌子颜色、噪声大小或是心理咨询师的长相等，都有可能影响来访者的心情。而来访者的口语表达或非口语的反应，也都能给心理咨询师传递有用的信息。因此，只有在承认这些内容切实存在的前提下，心理咨询师才能展开咨询工作。而就心理咨询工作本身而言，一段有效能的咨询工作能够实现，究竟是取决于口语还是非口语所传达的信息，尚无定论。

所谓口语，也就是我们说出来的话。强调以口语实现治疗，这无疑将心理咨询变成了口语治疗或聊天治疗。

朋友，试想一下，当你闭上眼睛的时候，是否还能感受到周围其他人的存在和他们的情绪。有的孩子放学回到家，打开家门的那一刻，他便能感知到家里人是否刚刚吵过架。因此，心理咨询师需要明白的是，口语在一段治疗中，并非百分百存在，而非口语则会一直都在。这也是要求心理咨询师懂得沉默的重要因素之一。

正如我们了解到的，所谓的疗法就是针对治疗中的部分障碍采取的疏通措施。那么是否只要是能够清除目前遇到的问题以保证咨询工作继续的治疗技术，就都是有价值的呢?

显然不是，而这也就是我在此建议大家了解贡献与局限的重要原因。贡献不必多说，是技术的价值所在。了解贡献，便可以检视自己在使用技术时是否体现出了它的价值。

至于局限，对于心理咨询师选择的疗法是否适当则显得尤为重要。在这里，我需要大家记住勒温这个名字，他就是拓扑心理学的创始人。

相信熟悉勒温的朋友们都知道，他对于心理学的贡献主要体现在社会心理学方面，其实我们可以换一种方式来了解这个人，以便于学习《西方心理学史》以及理解本书所阐明的心理咨询基本架构的内涵。

首先，完形—整体主义心理学对现代心理学的发展起到了决定性的作用。而勒温本人又是完形—整体主义心理学由德国传入美国之后的主要继承者与发展者。

的确，完形—整体主义心理学只不过是心理学众多学派中的一个，以各自独立发展的观点来看待这些学派，也较易被同学们接受。但事实上每一个学派都“统治”过西方世界，而这样的“统治”，无疑会以其思想影响后来者，也会对其之前学派的后续转型起到重要的指引及启发作用。

因此，从历史发展观的角度学习心理学理论，无疑会被各个学派在同一时期的自身发展情况及彼此之间的相互借鉴弄得心烦意乱。

但如果我们用平行观来看待各学派这些年的发展，或许就更能接纳这样的“你中有我，我中有你”了。或者说当我们用平行观的视角来看待心理学的发展时便会发现，从布伦塔诺意动心理学派延续下来的完形—整体心理学思想，对整个西方心理学的发展产生了多么重要的影响。

当然，我并不是站在流派或学派的角度，为完形—整体主义心理学做宣传。我的意思是，将完形—整体主义心理学当作一个思想载体来看，除去法国的机能主义心理学及早期的行为主义心理学这两个特例以外，整个欧洲心理学的核心思想的发展，无疑是循着布伦塔诺的意动心理学，即欧洲机能主义思想的道路，缓缓前行至完形—整体主义心理学的。

接下来，我将提出一个基本前提，以 1874 年布伦塔诺重要著作《从经验的观点看心理学》的出版为分界线来划分现代科学心理学思想。

也就是说，在此之前的心理学思想基本上是以建立哲学观点为目的存在于哲学之中，它们与现代科学心理学的关系就类似布伦塔诺的学生斯顿夫对现象学与心理学的诠释——各自独立。斯顿夫认为现象学是严格独立于心理学的，现象学只是心理学的预备学科，而不是心理学本身。当然，由此观点不难看出斯顿夫的立场是科学心理学的立场。

而心理学更像是哲学的预备学科，我们可以把它当作探索问题的某种角度，而不是纯粹的工具。就类似于第二次世界大战之后的哲学，在存在主义的影响下，其探索本质的神圣目的被搁在了一边，演化成既能探索事物本质又能拓展自身的多元工具。

由此看来，我们可以将 1874 年以前的心理学比喻为一本名为《哲学心理学导读》的哲学书，这本书涵盖了各种主义，探索人类的心理现象与世界各面向的关系，推动人类文明进步，以巩固哲学自身作为先驱科学的地位。这本书也关系哲学对多元政治和文化的影响与传播各学科的发展，以及对其自身实用价值的完善。1874 年后的各心理学派的诞生与发展，无疑是根据它们自己假设的种种可能，对这本充满思想的书反复去芜存菁。

今天我们也将从诞生于公元前 8 世纪至公元前 6 世纪的伊奥尼亚学派开始探讨，伊奥尼亚学派是古希腊最早的一个哲学心理学学派，该学派的哲学家们第一次正式地反对原始宗教神话中的“万物有灵论”的观点，并坚持用自然的原因，解释灵魂的本质和起源。

第三章　咨询心理学
——心理咨询师视角下的心理学思想发展史

我相信看到这里，不免会有读者质疑冯特的价值：为什么不以建立了世界第一个心理学理论作为现代科学心理学诞生的标志呢？

一、分界线——现代科学心理学的起点

首先，我们可以来了解一下为何冯特会受到构造主义的影响。

事实上，心理学就其形成的渊源而言，是离不开哲学的，哲学是心理学思想的基本来源。如果说从古希腊到文艺复兴时期的哲学思想不可能对构造主义心理学毫无影响，那么 17 世纪至 19 世纪的哲学心理学思想则是构造主义心理学的直接来源。

近代哲学从对本质的探索慢慢转型为对认知的探索，于是 17 世纪至 19 世纪之间的哲学心理学主要表现为经验主义心理学与理性主义心理学两种形态。

其中经验主义心理学产生于英国，并流行于英法两国。而经验主义心理学之中的联想主义则从唯物主义认知论与自然科

学的发展中汲取了方法论基础和研究手段，将感觉和观念当作心理的元素，认为一切复杂的心理现象都必须通过简单观念的联合而成。联想是一切心理现象的形成原则。这些理论构成了冯特元素主义的方法论基础。加之法国感觉主义心理学的“一切复杂的心理现象均以感觉为基础”，即“心理是脑的属性”的思想，也为冯特的实验研究提供了较为充实的哲学基础。

鉴于冯特是德国人，而 17 世纪至 19 世纪流行的理性主义心理学则是产生于法国，却流行于德国与荷兰的主要哲学思想，因此理性主义心理学势必也对其产生了影响。

的确，个人所属环境的文化影响力向来都是不容忽视的，单是从冯特身心平行论的二元论思想中便可以既洞察到德国理性主义心理学先驱莱布尼茨的影子，也能看到从德国理性主义心理学中发展出的统觉心理学的代表，即“德国科学教育学之父”赫尔巴特提出的融合、复合、意识阈，以及统觉团等概念。

总之，尽管经验主义心理学和理性主义心理学的哲学基础各不相同——既有唯物论，也有唯心论；既有一元论，也有二元论，但它们都成了近代不同心理学思想发展的起点和方法论基础。

接下来，我将提出一个基本前提，即将 1874 年布伦塔诺出版重要著作《从经验的观点看心理学》看作一条分界线，以划分近代与现代科学心理学思想。

也就是说，在此之前的心理学思想基本上是以一种以建立哲学观点为目的的工具的形式存在于哲学之中。它们的关系就类似布伦塔诺的学生斯顿夫对现象学与心理学的诠释：现象学是严格独立于心理学的，现象学只是心理学的预备学科，而不是心理学本身。当然，由此观点不难看出斯顿夫的立场是科学心理学的立场。

但心理学就其本源的发展而言，更像是哲学的预备学科。在探索过程中，我们也可以把它当作某种探索问题的角度，而不是纯粹的工具。它类似第二次世界大战之后的哲学，在存在主义的影响下将其致力探索本质的传统目的搁置一旁，取而代之的是拓展自身并转型为对事物进行多种角度探索与观察的工具。

至此，我们可以将 1874 年以前的心理学统统收进这本假定为《哲学心理学导读》的图书之中。这是一本涵盖了各种主义的哲学书，它借由探索人类的心理现象与世界各面向的关系，推动人类文明进程，以巩固哲学自身先驱科学的地位。它关系哲学对政治及多元文化的影响与传播、各学科的发展，以及对其自身实用价值的完善。而后续各心理学派的诞生与发展，无疑是根据他们自己所做的种种假设，对这本充满着思想的图书，进行了繁复的去芜存菁的工作。

随着时间的推移，现代科学心理学也会有新的定义，而冯特的构造主义则可以作为这本书新增的章节。而如果说 17 世纪至 19 世纪流行于哲学家之间的是对于人类认知的关注，那我们即可将构造主义视为这本《哲学心理学导读》的最后一部。

通篇来看，我们可以把这本书分为上、中、下三部来理解。上部我们姑且称为《灵魂的意涵》，而中部则叫作《文艺复兴时期》，至于下部，你可以管它叫《大革命时代》或者是《近代社会》。

趁热打铁，接下来我也会试着用一种导读的形式，为大家梳理这本书的上、中、下三部。同时，我也尽可能地将现代科学心理学的发展脉络一并梳理清楚。

是的，我就是这样一个负责任的老师，不遗余力地为大家制造惊喜和小插曲。

那么，先让我们从这本《哲学心理学导读》的序言部分开始探讨，也就是从诞生于公元前 8 世纪至公元前 6 世纪的伊奥尼亚学派开始。它是古希腊最早的一个哲学心理学学派。那时的哲学家们，第一次正儿八经地反对原始宗教神话中“万物有灵论”的观点，并坚持用自然的原因解释灵魂的本质和起源。

二、哲学心理学——两种对立的思想

伊奥尼亚学派诞生于公元前 8 世纪至公元前 6 世纪，是古希腊第一个哲学心理学学派。它的名字来源于它的出生地——位于爱琴海东岸小亚细亚沿海的伊奥尼亚地区，其中包括由该地区两个著名城市形成的米利都学派和爱非斯学派。它们的共同点是都反对原始宗教神话中“万物有灵论”的观念，坚持用自然的原因去解释灵魂的本质与起源，并促使“原子论心理学”萌芽。

准确地说，这些学派中的成员仍是哲学家。不同的是，在此之前，哲学家们大都只会用“万物有灵论”的观点来诠释灵魂的本质（即人们的心理现象）。相信大家在心理学的第一堂课上就已经了解到“心理学”一词来源于希腊语，由灵魂和学问构成，即一种关于灵魂的学问。当然，这个出现于 16 世纪欧洲的词汇，第一次得到公认还是在德国的沃尔夫（1679—

1754）的《理性心理学》（1732）和《经验心理学》（1734）问世以后。

现在我们回到更早以前，当时的原始人不存在灵魂的观念，他们仍处于主体与客体尚未分化的模糊认知时期（事实上，明确地划分主体与客体要等到胡塞尔参与二重心理学的时候）。直到原始社会的末期，由于探索自然界的好奇心的驱使，原始思维发展到了较高的阶段。到了最早区别于动物思维的、一种由传统逻辑规则标明的、以语言形式传播的类思维和幻想思维形式（如互渗、巫术及图腾等）出现以后，人们突然发现无法理解自身的结构和功能，而仅仅是凭最为直观的感受、体验、想象力、推测和梦境的影响来对其进行猜测，便由此产生了“万物有灵论”的观念。很明显，就今天看来，这是一种无奈的合理化行为。但在那时，古人们看到人活着的时候有呼吸，死亡的时候则呼吸停止，便认为灵魂可能是气息或是和呼吸有关的东西。

人在梦境中见到了死去的亲属，也在梦境里感觉到自我可以脱离出肉体，进行独立的活动，便开始把世界上的物质分为肉体（物质）与灵魂（精神），认为人和自然界的一切变化都是灵魂的活动。也就是说，人在出生时，灵魂寄居在身体里，控制着人体的活动；而到睡眠时，灵魂则暂时地离开了人体；待睡醒之后，灵魂又回到了人体；至于死后，灵魂便永远地离开了人体。我们知道生产力极度低下、知识贫乏以及无力与自然界斗争都是原始社会的典型特征。正是在这样的情况下，这种“万物有灵论”的观点开始通过古老宗教神话的形式（可通过语言传播的形式）对灵魂的起源做出幻想式的解释，而这，就是人类心理学思想的萌芽。

不难看出，人类心理学思想的萌芽时期，人们猜到了肉体与灵魂是存在区别的，因此并没有武断地将灵魂视为纯粹的精神实体，而是将灵魂看作离不开肉体、能构成生命和意识活动，且带有某种感性的形式。当然，这是原始社会的人们对于灵魂本质的一种朴素的前科学解释，直到我们所说的伊奥尼亚学派诞生之前，我们可以称这段时间为《哲学心理学导读》的序章。

事实上，占据主导地位的古希腊心理学思想除了以德谟克利特为代表的原子论心理学思想以外，还有以柏拉图为代表的理念论心理学思想与以柏拉图的学生亚里士多德为代表的生机论心理学思想，尽管后两者的出现时间较原子论心理学晚一些，但它们基本上都出现在希腊文化极盛的古典时代。如果说心理学发展到今天，仍旧存在着彼此对立的情形，最先让人想到的大概是认知主义心理学与人本主义心理学的对立。而冯特一开始的心理学也只是简单地模仿自然科学，最终是要把心理学建设成一门像物理学一样的规范科学学科。

冯特开创的是以自然科学的说明或解释为模式的心理学研究取向，其中包括物理学及生物学等。而布伦塔诺则继承了传统的心理学习惯势力，即把心理学等同于哲学，认为心理学是最根本的哲学学科，而其他的哲学门类，如伦理学、逻辑学、美学等都不过是其分支的学科。所以，布伦塔诺强调心理学的人文价值和意义，他开创的也是以人文科学或哲学及其他社会科学的描述或理解为模式的心理学研究取向。

自此，心理学的历史便是两种不同研究取向的心理学的相对独立发展的历史，而接续这两个学派之争的则是艾宾浩斯和狄尔泰对于说明心理学与描述心理学的争论。时至今日，这样的争辩仍在继续，其当代之表现形式便是认知主义心理学与人本主义心理学的对立。

顺着心理学的发展史慢慢地往前探索，我们会发现它们对立的前身是结构主义心理学与机能主义心理学的对立。但从本质上来探究，我们会在更早的古希腊时期找到它们彼此对立的雏形，即古希腊罗马原子论心理学思想与柏拉图的理念论心理学思想和亚里士多德的生机论心理学思想之间的对立。到了近代，它们则是以荷兰与德国的理性主义心理学思想（即官能主义、统觉主义）和英国与法国的经验主义心理学思想（即联想主义、感觉主义）的对立为表现形式。由此看来，我们可以粗略地将原子论心理学思想、理性主义心理学思想、结构主义心理学思想及行为主义心理学思想归为一类。而从历史发展脉络来看，与之对立的则是由柏拉图的理念论心理学思想衍生出的流行于近代的经验主义心理学思想、当代欧洲机能主义心理学思想及后来的人本主义思潮。

三、交汇：美国机能主义心理学与欧洲意动心理学

当然，我说了这仅仅只是粗略的归类，或者说是一种不太负责任的归类。细心一点的朋友不难发现，前文并没有具体说明亚里士多德的生机论心理学思想。稍后我会对这一点进行解释，但在此之前我觉得有必要为朋友们解开一个或许在心中早已按捺不住的疑惑，即我们为什么要学习《西方心理学史》

呢？即便了解了这些发展脉络，又能从中获得什么呢？该修正的理论和技术大都修正了，该淘汰的观念和方法也已经淘汰了，难道学习历史还能对我们今天的工作起到什么实质性的作用吗？

这时如果我让学生们自己为这个疑问寻找一个合理的答案，他们大都会说："或许，知其然更要知其所以然吧！"这的确是个不错的学习理由，但却不是我想要的理由。

来，让我们试着做一个假设：假设有某种魔法能让历史书中的这些心理学家全都活过来，且给他们时间熟悉一下我们手头这本《西方心理学史》，再请他们聚在一起开个讨论会。且不说会有几个心理学家当场发脾气，猜猜看，单就这心理学发展到目前的这个局面，会被他们认可的究竟能有多少呢？

我们可以就铁钦纳和冯特的关系做一个类比。众所周知，铁钦纳是冯特的直接授业弟子，也是大家公认的构造主义心理学的创立者。换句话说，如果没有铁钦纳于 1898 年在自己的《构造心理学的公设》一文中明确提出构造主义能够与机能主义（即美国当时的主流发展取向）相对立的有据观点，那么构造主义就无法在美国生根。但即便如此，也不意味着冯特就会赞同他的闭门弟子对结构主义做出的努力。毕竟每一个人都有自己的主观，而主观的影响力也是不容忽视的。事实上结构主义无论在欧洲还是在美国（当然，美国本身对"主观"也没多大的研究兴趣），研究上都存在着对主观的忽视。也正因如此，人本主义心理学先驱奥尔波特再三强调：美国心理学需要输血或慷慨地注射存在主义。

当然，冯特首先需要关心的还是铁钦纳在其主观的驱使下究竟对自己的"内容心理学"做了什么。铁钦纳无疑是第一个把德国心理学引入美国的英国人，没错，他是英国人，是冯特著作的英语翻译。但正因如此，以铁钦纳为首的美国构造主义心理学兼具英国和德国的特征，或者说是两者的混合物。就像他在自己的《心理学大纲》（1896）中写的那样："本书的根本观点是传统的英国心理学的观点。"

由此看来，铁钦纳对英国心理学抱持的是肯定的态度，也不难从这样明确的强调之中洞察出冯特对英国心理学的态度似乎与铁钦纳大相径庭。就像美国心理学史家黧黑认为的，这很可能是铁钦纳把冯特的德国心理学理解成了冯特所反对的"传统的英国心理学"。

事实上铁钦纳并不真像人们通常认为的那样，是一位"更能让人理解、说英语的冯特"，相反，他试图用"狭隘构想"的英国哲学来改造冯特的德国心理学（毕竟实验心理学是哲学心理学和实验生理学结合的成果）。早在19世纪末至20世纪初，冯特的学生便把莱比锡的实验心理学传到了美国，并在美国得到了广泛的发展。但当时的美国心理学却并没有沿着冯特的内容心理学方向发展下去，而是沿着机能主义心理学的方向发展。

冯特的内容心理学向来是与布伦塔诺的意动心理学相对立的，然而美国的机能主义心理学却正好与欧洲的意动心理学遥相呼应。也就是在这样的情况下，铁钦纳来到了美国。在心理学的一般观点上，铁钦纳确实接受了其老师冯特的内容心理学思想，并坚持心理学的实验方向，但他很快在康奈尔大学形成了以自己为首的构造心理学派。这样的构造心理学派是冯特内容心理学的极端化，只注重心理内容及人类心理的一般规律的研究。然而机能主义则是特别注重心理机能或心理活动（机能是指活动、体验或状态，如知觉活动、观念活动、理解活动、欲望活动及意志活动），这些机能由布伦塔诺的学生斯顿夫根据布伦塔诺意动心理学的思想阐明并发展，而和布伦塔诺的意动心理学几乎可以通用，因此意动心理学即机能主义心理学。

同理，铁钦纳继承了冯特内容心理学的主要思想，并坚持心理学的实验研究方向。但铁钦纳的构造主义心理学体系又不完全等同于冯特的内容心理学体系，而冯特也从来没有用“构造主义”来标示他的心理学体系。

从这个意义上来讲，构造主义其实就是铁钦纳主义。但就其思想核心而言，并不影响我们把构造主义心理学等同于内容心理学来理解。同时，机能主义心理学也注重心理活动在适应环境中的作用和个人的心理能力的差异的研究（即虽然机能主义心理学与意动心理学遥相呼应，但和内容心理学并非没有相通之处）。

就这样，构造主义心理学与机能主义心理学在美国新的历史条件下形成对立。当然，这种对立实质上是欧洲内容心理学与意动心理学之争在美国的继续和发展，并构成了西方心理学思想发展的主线。

假使冯特活过来，且了解到自己的思想在美国得到这样的发展，以及自己的内省法被铁钦纳彻底废除的残忍事实，虽然我们无法准确地得知他会作何感想，但我们不难从中看出，这再一次印证了著名的“普朗克原理”：理论的更替不是因为老一代被说服，而是因为他们都死了。除此之外，这倒更能让我联想到黑格尔的“存在即合理”，就是说，凡是现实的东西都是合乎理性（自然规律）的。

任何一门科学的发展都不是一定的，却一定是必然的，反映出自然之中有条理部分的属性，而这也就是理性。它也是某种前进运动必需的反作用力。正因铁钦纳的构造主义提供的是一套相当强有力的正统体系，并充当被批评的靶子的角色，才会在这样的驱动力下，出现机能主义反对构造主义研究意识的结构，而主张研究意识的机能现象。行为主义因反对构造主义研究意识，从而主张研究行为。当然，精神分析也正因其研究意识而转向研究起了无意识的情况。

这就像海德布雷德在 1933 年指出的那样：“铁钦纳的构造心理学对发展美国心理学起到了至关重要的作用，这不仅由于它有着连续不断的杰出成就，而且因为它有着壮烈得足以使人得到启发的壮烈的失败。”尽管我们已经了解到了所谓“构造主义”，实质上是冯特内容心理学的极端化和激进化，但其仅对意识的元素进行研究，对意识如何形成等问题不管不顾。这也意味着构造主义是一项纯粹的实验研究主义。随着铁钦纳的逝世，构造主义也随之几乎一并消亡。

如此一来，纯粹的研究无疑成了内容心理学或构造主义心理学对整个美国心理学发展最为突出的贡献。如果说铁钦纳的极端或是激进仅仅是在一定程度上破坏了冯特的内容心理学，那么以华生为首的早期行为主义心理学思想则险些真的将整个心理学界带入了极端、激进的发展之中。毕竟在华生看来，意识本身也是抽象的，只有完全地研究肉眼能看见的行为，才称得上是纯粹的实验研究。

四、心理学在美国的发展

似乎不知不觉中我们已经给铁钦纳贴上了内容心理学的“千古罪人”的标签，事实果真如此吗？

作为心理咨询师，我一直深信人们所做出的抉择永远都是最好的抉择，至少在那个需要做出抉择的时刻，人们总是竭尽所能。铁钦纳也不例外，就像我在前面提到的，当铁钦纳将冯特的思想介绍到美国时，整个美国心理学界正处在机能主义心理学的影响之中。当然，这里需要澄清的是，美国机能主义心理学的形成不同于欧洲机能主义心理学，在 19 世纪 80 年代以前，美国流行的是官能心理学和颅相学。这两种心理学思潮均属于思辨哲学和宗教神学的范畴，而不属于现代科学心理学之范畴，但它们在当时也完成了各自不同的社会生活职能。其中，官能心理学构成了学院心理学，其宗旨是使学生形成美国式的宗教思维方式；而颅相学则更像是中国易学中的面相，普遍流行于世俗社会和普通大众之中，为商业及人们的日常生活实践提供咨询服务。尽管这跟心理咨询没有任何关系，但不代表今天大家都已经从这样的误区中走了出来。

直至 1879 年冯特在德国建立了心理学实验室，以实验研究为基础，建立了元素分析的意识心理学体系，从而使心理学从哲学中分化出来，形成一门独立的学科，并在世界范围内产生影响。也就是在这个时候，美国人远渡重洋求学于冯特，并于回国后将其思想传播开来，纷纷建立起了实验室。但这并不意味着美国人对德国心理学之传播是不带有批判性的。

事实上，美国人表面上在效仿德国心理学，实际上却掀起了一场深刻的心理学思想革命，即否认德国人对意识的构成元素及其结构的静态分析。美国人倡导对处于活动之中的意识，应该在有机体适应环境的过程中，对其（即处于活动之中的意识）所完成的机能进行研究，从而使心理学的研究适合美国文化的本土气息，以区别于德国。

没错，美国机能主义心理学的研究一定要适合美国文化，而事实上也正是美国本土文化的影响与需求致使美国机能主义心理学与欧洲机能主义心理学在核心观念上呈现出本质的差别。而这只需要稍稍了解美国机能主义心理学后续的发展便能看出来。美国机能主义心理学就这样从美国自身独特的社会文化历史根基出发，一方面从德国继承了实验心理学的形式并接受构造主义对意识本质的说明，另一方面以其文化特质即实用主义的方式接受生物进化论，并试图研究意识对有机体适应环境的功用与价值，从而形成了美国心理学的机能主义精神。然而这样的精神实质上是对生物进化论的一种以心理机能观为主导的片面理解。而这种片面理解的极端化发展也使得美国心理学的机能主义精神在历史上逐步衰退，表现为从机能主义到行为主义。

如此看来，朋友们或许会认为，美国机能主义衰败是因为受了美国自身的文化特质的影响，实际上这样说还是笼统了些。如果说美国机能主义的衰退是必然的，那么其中的隐患大概不只是其文化特质。首先我们需要明确的是，美国机能主义心理学之中受美国文化特质影响的部分包括实用主义及进化论思想，而进化论却在逻辑上隐含着一个必然的结论：无论意识还是心理活动都是物质意义上的脑和神经系统通过机能表现的方式。美国人忽略了一个重要的事实，即德国心理学从近代哲学中继承的哲学认知论的意识观恰好与进化论之中的意识观形成了逻辑上的对立。也正是这一对立，构成了美国机能主义心理学思想的基本矛盾。但我更喜欢称其为基本矛盾，所谓基本，不是基础，它贯穿整个发展进程的始终，难以根除。

因此，美国心理学在历史上所经历的各种危机，究其实质，不过是这个根植于美国机能主义心理学思想之中的意识观的矛盾。事实也证明，随着这一矛盾的展开，美国机能主义精神也跌入了历史的衰败过程中。所以换句话说，我们可以认为，存在于美国机能主义心理学思想中的这种意识观的矛盾，在逻辑上已经注定了美国心理学未来的发展轨迹。

也就是在这样的时代背景下，铁钦纳凭借自身的努力，构建起构造主义心理学。不仅如此，其实在冯特的时代，实验心理学仅仅作为一种思潮，其影响还是有限的。由于语言障碍，且迫切需要在更广泛的范围内介绍冯特的实验心理学思想，铁钦纳肩负起了将冯特的著作翻译成英语的重担，或者说铁钦纳早在正式成为冯特的学生之前就已经致力翻译冯特的著作了。

到了美国之后，铁钦纳更是成为冯特著作的主要翻译者，从而促进了英语国家的人们对新兴的实验心理学的了解。铁钦纳本人撰写的鸿篇巨著《实验心理学》也成了训练心理学家的蓝本。同时，他严格按照当时实验心理学订立的法则，孜孜不倦地进行心理学实验研究，取得了许多引人注目的成果。他在自己主持的康奈尔大学心理实验室中培养了一批心理学人才，并扩大了实验心理学对美国的影响。他当年在康奈尔大学创立的实验者俱乐部，后来也成为美国心理学会的实验心理学分会，并在 20 世纪 50 年代至 60 年代成为现代认知心理学运动的中心。所以，人们仍能从现代认知心理学运动中看到铁钦纳所倡导的实验研究精神。

总之，铁钦纳在传播和扩大实验心理学影响的方面是功不可没的。我之所以在这里悉数铁钦纳的贡献，并不是想要营造出一种让其为之将功赎罪的温馨氛围。我是想告诉大家，正如在前文中提到的，关于美国机能主义心理学之基本矛盾对其造成的负面影响一样，由于铁钦纳是在冯特的心理学基础上建立起自己的构造主义心理学体系，所以构造主义之中存在的许多局限也是冯特心理学体系本身固有的问题，如内省法、身心平衡论等。

第四章　整合取向视角下的咨询实务工作

前文摆出的众多心理学历史和论述，着实会令许多朋友感到乏味难耐。然而也只有从这些尽可能贴近事实真相的历史节点中，我们才能够客观地描述出关于贡献与限制存在的必然性，也正因这些必然的影响，才能让我们摒弃“历史是绝对且稳固发展的”的错误观念，将现代科学心理学之演进视作必然且最好的结果。要知道，“必然”不意味它合乎理性。前面我们说过，黑格尔的“存在即合理”之中的“合理”，并不是说存在的就一定会在某种程度上是对的，而是说存在本身就是属于大自然中有规律的部分。至于“必然”，则是指对客观事实的一种肯定态度，相当于对已经发生的事情做出的总结。

一、打破旧有模式及技术的禁锢

事实上，客观描述一直是作为心理咨询师的我们必须要面对及思考的一项重要议题，而尽可能地做到客观描述，则是我们的职责所在。

因此，我们不妨试着在这里做一个假设：属于大自然的规律的部分，就是我们所谓的理性部分。这一部分和我们通常意义上所指的属于人的理性部分，究竟哪一个才能够对事实做出更为客观的描述呢？换句话说，如果我们假设大自然的理性部分能够做到绝对客观的描述，那么也就是说，大自然是不存在反移情现象的，果真如此吗？

很明显，哲学家们认为的大自然的理性，并不是说大自然具备一套完整的理性表达系统，而是站在人类意识角度，对大自然的某一部分做出的归纳。也就是说大自然和人类一样，会在对一样事物进行描述时，同时表现出感性与理性，或者说该两者是不可分割的，因为这实在是再自然不过的表现了。

因此，进一步来说，我们甚至可以说大自然事实上是具备反移情的能力的，就好比人们并没有以破坏自然环境为目的来破坏自然环境，从而不断索取自然资源。

但并不表示这种所谓的对于人类而言的建设或创造行为之中不包含人类作为动物而存在的本能的破坏性。这个含有破坏性的驱动力所导致的行为，对大自然而言，或许存在着更为直接的影响，而大自然也会根据这样的影响，做出相应的反馈。例如，我们常见的那些不环保的行为导致的生态环境恶化。

当然，如果我们将这一点放在心理咨询过程中来看，也是同样的原理。例如，当你的来访者想要彻底逃离原来的家庭环境时，他绝对不会愚蠢到将重建原来的家庭环境这件事当作新生活的目标。

但也并不表示这种对于人类意识层面而言的建设或创造行为之中，不包含人类作为动物而具备的、对熟悉环境的“重建本能”。事实也正如我们在咨询过程中看到的那样，我们可以轻而易举地在来访者的新环境中看到旧有环境的影子。也恰恰是这个重建本能呈现的“影子”（或者说是一种被呈现出的方式），导致了来访者产生不合理的期待，并构成对新环境的理解与向往，导致向往的新环境在重建本能的驱使下，逐步发生改变或破灭。但至少这能让人获得旧有的安全感。

通俗一点说，这就是为什么我们在学习心理咨询时，常常听到的一个关键词：旧有模式。我们可以将它理解为一种涵盖生活各个面向（包括个人的价值观、各种需求的程度以及人际关系的各种处理方式）的固着信念。我们之所以称其为“移情”，正是因为这个“影子”出现在我们的咨询过程中，并将咨询师纳入了这个“旧有模式”的范围之内。这时我们再去理解精神分析学派所说的移情的运用大概会显得容易些，也就是在不予抵抗的情况下对来访者呈现出的行为做出自然的反应，借由来访者配合的过程中获取更多的信息，且将其行为之目的于此时此地反馈出来。

举一个简单的例子，了解人格障碍特点的人大概也会知道反社会型人格障碍的人倾向让周围的人感到愧疚或自责。那么就反移情的运用而言，咨询过程对于心理咨询师的要求则是像镜子一般，将以使他人感到自责为目的的行为模式呈现给来访者，而后再聚焦于此进行探讨。

那么这时，心理咨询师该怎么做呢？我们不可能赤裸裸地将自己看到的行为模式直接反馈给来访者。要知道，越是根深蒂固的行为模式，越是难以被来访者自身察觉。因此当你直接或间接地以“口语”的形式反馈给他时，并不会起到任何作用，还会使来访者经受无故被人指责的委屈。

在此，我难免要重申一次上面我们提到的“谈话治疗”的概念了。谈话不代表单一地以口语的形式进行对话或交谈，否则就变成了口语治疗。因此，这时心理咨询师应该借由整个场域内的环境做出自然的反应，直到将这个完整的移情呈现在来访者面前，我们才完成了一次反馈。

在这里我需要澄清的是，所谓达成反馈，并不是指心理咨询师要带着让来访者看清自己真面目的目的去工作。事实上，在咨询过程中，心理咨询师真正会遇到的阻碍是：害怕反馈行为需要无休止地进行，担心来访者接下来会想起更多的事情、叙述更多的话题；担心来访者情绪愈发激烈，会使场面变得难以控制。而正是这种对大量信息难以应付的恐惧，使得心理咨询师难以将来访者的不良人际关系模式概念化。

但在这里我要说的是，一名合格的心理咨询师，不一定有很强的个案概念化能力，但一定要听清故事的主线，以及来访者叙述时的情绪感受。只有这样，心理咨询师才能保证，不会陷在来访者叙述的那些生动的故事中，从而迷失自己或丢失自己的立场。

这很重要，尽管在后面的内容中我会系统地为大家阐明心理咨询师与普通人的区别，但在这里我还是不能绕过这个主题，因为它关系“心理咨询师的个人特质”。

如果你对“人格障碍”的理论不太感兴趣，或者说你跟我一样认为“障碍”这样的标签本身就是一种限制的话，那么就好办了。要知道，每一个人毫无疑问都有着自身固着的行为模式（即使不固定，不固定本身也是一种固定）。例如，如果你感觉到你的丈夫是一个控制欲很强的人，那么当你向我抱怨时，一定会举出很多相符的例子。但如果你停下来想想，则会发现，即使举再多的例子，似乎也无法准确地表达出那种你所感受到的“被控制”的感觉，更别说得到他人的理解了。

那么在这时，假如你试着描述这样的“被控制感”，而不去想那些与此相关的事情，也就是说，你只是将注意力集中在这样的“被控制感”上。慢慢地体会这样的感觉，你会发现无论举出多少个例子，你所描述的“感受”都是同样的。我的意思是，即便什么事情都没有发生，这样的“被控制感”也时时刻刻潜伏在你俩的关系之中。

而当你每一次强烈地感受到这样的“被控制感”时，我相信他都正在进行着某种行为（不一定是在提要求或是谴责你，也可能是恰好能令你感到不适的冷暴力），那么在这时，假如你要他停止他的“行为”，并告知他你的“被控制感”。我相信通常情况下他会否认自己有这样的行为，而你也需要知道，在他所能意识到的行为目的中，并不存在“控制他人”的想法。因为这一动机尚且存在于他的潜意识之中。

我们知道一个人只有达成目的，才能满足自己的动机。什么是“动机”？简单来说，我们可以将动机视为一种整体的本能需求。当然，这不同于我们对于食物的需求。因为一旦我们感到饥饿，需求就浮现于意识层面。换句话说，我们很容易就能意识到饥饿感带给自己的对于摄取食物的需求。其中，“饥饿感”即代表所谓的动机（需要被满足）。但正如我前面提到的，在人们的“固着模式”中，其呈现的动机与此有所不同。它是一种整体的本能需求，在这里需要强调的是整体，而我所指的“整体”，并不表示所有功能，或一整个生命体的整体运作。的确，很多老师会将人们的“固着行为模式”描述成生命整体的选择，但事实上，人们对于“人类意识领域”的探索还有很长的路要走。也就是说，没有一个人能够百分之百地向你许诺：“人类的心理活动的范围就足以调动起人类的一整个意识系统。”更不要说这是不是一整个生命体在做选择。

因此，我这里所提出的“整体”指的是：一个贯穿于意识及潜意识的动机。

我们往往很难意识到自己的“固着动机”（即一种长久以来一直未被满足的内在需求，并非指对某件事情，因此我们不能将它等同于“未尽事宜”）具体是什么。记得有人说过“时间能逾越一切问题”，但同样地，时间也能“发酵”我们一直未被满足的内在需求，致使我们的感受、评价、价值观、行为的间接目的，甚至是信念系统等，都有意无意地成了这个“固着动机”的奴隶，至少有一部分的我们，正在为它们活着。

当然，这并不意味着我们需要评判自己或他人的“固着动机”，或是说我们一定要将它们找到或是澄清出来。因为，即便你有很高明的沟通技巧，能够让对方看到或承认自己的行为模式背后隐藏的“内在需求”，甚至能让他充分地了解到，自己由此而引发的这些行为，会对周围的人造成怎样的伤害，也不意味着接下来会如你所愿，他会调整自己，直至“改过自新”。

正如我在前面提到的对于整体的解释，它贯穿于人们的意识及潜意识。也就是说，通过某些方法，无论是进行心理咨询也好，自我觉察也罢，人们完全有可能全然地意识到并承认自己的“固着动机”是什么。但是意识到了之后呢？

“好吧，好吧，事实就是这样。”

听起来就让人感到无奈对吧？事实上，结果也正是如此。即便有点道德绑架似的告诉他，这是他需要承担的责任，如果他不能改变的话就会如何，最终也无济于事。因此，我们需要明白，自然反应反馈的一个人的固着行为模式确实可以引起他的注意，甚至让他了解到自己固着行为模式背后的内在需求是什么。但这并不代表我们成功做到了所谓的对移情的运用，无论是从人本主义思想的哲学立场出发，还是站在咨询策略的角度而言，心理咨询都是没有“说明书”“套路”或是所谓的“治疗流程”的。因此我们有必要在“移情的运用”后面加上一句：它用来做什么？

例如，你的来访者默认了你向他反馈的行为模式，却将注意力放在了自己的信念上。又或是你的来访者对你的反馈很感兴趣，愿意与你一同探讨，却自始至终没有表现出任何想要改变的意愿。那么这时你该怎么做呢？我们需要明白，就反馈出来访者或是某个人的移情内容而言，确实是有要求的，但并不代表按要求成功地反馈，就一定会引发什么不可思议的事情。

这就意味着我们需要根据个体的具体情况，对咨询技术进行适当的调整，然而，我们却不能生硬地将某个技术，从整个流畅的咨询过程中独立出来。要知道在很多时候，一个人之所以能够发生转变，在很大程度上是出于其自身对某些事物的固着或执着（类似于宗教中提到的“我执”或“无明”）开始松动了。

假使一名心理咨询师在咨询过程中对于某项技术抱有期待，而在咨询的过程中，一旦来访者没有配合心理咨询师实现这个期待，同时心理咨询师也恰好没有意识到自己的这个“不合理期待”。那么，这个被压抑，或无意识的“不合理期待”，也就相当于前文中我提到的“未被满足的需求”。而之后的咨询工作在很大程度上自然就成了两个需求不被满足的人之间的相互角力。这也就是我所说的心理咨询过程中，一切所谓的“技术”都建立在对现象场发生过程的自然跟随上，而不是将注意力集中在故事的内容、好奇的信息，或是任何心理咨询师个人需求引发的行为上。

二、心理咨询师的稳定性

在这里我将“心理咨询师”与“普通人”作了区分，但这并不表示心理咨询师在咨询过程中不可以带有作为普通人的鲜明的性格色彩。你可以向来访者表达你对于事物的“评价”或“态度”，无论是用积极的态度还是消极的情绪来表达，事实上都是允许的。但这很难，难在哪里？难在你需要将这一切建立在两个基本的前提之上，一是将自己调整到全然的稳定状态；二是对咨询过程中自己的每一项行为之意涵做出澄清。

什么是“稳定”？简而言之，就是指咨询过程中，对于心理咨询师状态的基准要求，也是贯穿整个咨询过程中，心理咨询师用以“检视”或“觉察”自我状态变化之“基准”。我们可以将这个“稳定”的状态理解为“跟随”的基本前提，也可以称其为“同理心”的核心要素。我们知道，“同理心”的运用必定是一个“跟随”的过程。

当这种“稳定”发生在一个个体身上时，我们会发现每一个人的“稳定性”都是不同的。于是在心理咨询师的系统培训中，“稳定性训练”无疑成了一个不可或缺的环节，而与此相关的训练方式更是多种多样（例如，悬挂训练、对视、外观等），其主要目的是让人能够达到一种类似于“心斋”的状态。

什么是“心斋”？在这里，我们可以将“心斋”理解为一个将事物放下后再次拿起的过程，即将其视为一个发生过程。在这个过程中，我们需要达成的不是“放弃”或“割裂”自己的任何部分，而是要将这些部分暂时搁置，而后合理地重新拾起。那么在这之前，我们也就达到了所谓的“稳定”。具体一点，让我们来了解一下达成或调整到稳定的状态是一种怎样的感受。

首先，我们可以想象一个咨询情境。此刻，你的来访者正坐在你对面，你坐在心理咨询师的椅子上，准备开始一段咨询。接下来你的来访者会对你讲些什么，或是提出怎样的疑问，这你并不知道。但我相信在此之前你对面前的这位来访者一定有过观察，因此现在坐在椅子上的你，除了一整个自我以外，或许还有着更多对这位来访者的预判（甚至经验丰富的心理咨询师能大概揣测出来访者的问题以及晤谈的方向）。这时的你，事实上也就是我所界定的“普通人”，即一个尚未准备好进行心理咨询工作的人。没关系，在你正式进入咨询工作之前，先将眼睛缓缓闭上。试想一下，此时的你正坐在心理咨询师的椅子上，而你的面前正坐着你的来访者。你闭上了眼睛，眼前一片黑暗，想象这黑暗中有一个小盒子放在你的脚边。你弯下腰，打开它。盒子里是你的内心，有很多不同的情绪在里面，很多的思绪、生活压力，包括你对某人某事的期待，诸多的未尽事宜，你那充满魅力的人格，你的价值观，你自诩的助人素质，以及那些坚实可靠的专业素养。此刻的你正专注地看着它们，但与它们保持距离。接下来，你需要做的是盖上这个小盒子，让它安静地待在你的脚边，暂时地存放着，想象自己调整好坐姿，保持着你的专注力，渐而回到黑暗之中，面对着你的来访者，缓缓地，睁开眼睛，看到他。

到这里，你所感受到的就是“稳定”，而这样的稳定性越强，心理咨询师在工作中就越自在（这也就是书中说的有弹性），也只有具备了这种自在的状态，心理咨询师才能够自然地跟随来访者，或对跟随的内容做出适当的反应，正如我前面所说，一名心理咨询师是以这样的状态呈现的，然而咨询过程中，那些放在小盒子里的东西仍旧会不受控制地回来。而你也需要有意识地检视自己“此时此地的状态”是否与一开始的这种心斋的状态发生了明显的变化。而这些变化是由什么产生的，也需要心理咨询师在咨询过程中进行适时地觉察（例如你的情绪上来了，你需要判断这个情绪的“来源”，究竟是在一个“稳定”跟随的情况下做出的自然反应，还是小盒子里的某件东西趁你不注意跑了出来），以做出适当的调整。

由此看来，所有你在课堂上学习到的咨询技术也好，治疗技术也罢，统统都建立在这样的一个稳定的状态之上，而这也是自然的前提。想要在咨询过程中维护这样的心斋而不被过程中发生的事情破坏，就涉及一名心理咨询师的原则或界限。注意，我说的是一名心理咨询师，也就是一个达到了心斋状态，且准备开始心理咨询工作的人。

是的，如果我们将心理咨询师界定为一个建立在稳定或心斋状态之上，并进行心理咨询工作的人。而这样的状态又需要不断地维护，那么我们也可以说心理咨询师并不是一个人坐在了某个固定的位子，例如心理咨询师的那张椅子，而是一个发生的过程。

在这个过程里，一个具备稳定性的人正使用着心理学家或哲学家们总结（搜集、整理）出来的对于人类心理健康起到有益作用的“谈话治疗技术”（这就好比罗杰斯强调的同理心技术，如同其他的治疗技术，比如“面质”“挑战”“跟随”等，都是一个发现、搜集、整理、实验和延伸的过程，而非某一个人凭空独创)，而这样的状态也需要自身作为一名心理咨询师的“特质”来不断维护。

从这个角度来看，我们也可以说心理咨询师的这个发生过程其实是存在着结尾的，这就好比一名上了年纪的外科医生会因为出现手抖问题，而不得不离开手术台。咨询工作也是如此，所以教材上会告诉我们心理咨询师要避免自己的资源枯竭，而咨询专业的博士人才也被分成了从事实务研究的人和从事理论研究的人。由此可见，稳定性和心理咨询师的个人特质都是一名心理咨询师不可或缺的基本要素。

那么心理咨询师究竟应该具备什么样的个人特质才能很好地维护自身的稳定性（也就是“心斋”)，而不致使其专业资源枯竭呢？除此之外，心理咨询师的个人特质对于所谓“心理治疗”又产生了怎样的影响呢？

三、客观描述在咨询中的应用

在了解心理咨询师的个人特质之前，我想试着问你一个问题：客观描述在心理咨询过程中究竟属于哪一范畴里的行为呢？

为了方便理解，先对心理咨询工作的基本架构进行更好的整合与学习。在这里，我们可以试着将这样一个存在于发展过程之中的工作归纳为：建基且发生于个人稳定性之上的心理咨询师的个人特质、治疗技术以及个人成长三个方面。

再次强调，这三个方面都是在心理咨询师的稳定性之上展开的。那么当我们讲到客观描述的时候，我们的第一反应就应该是，通过这个概念的意涵，了解其所属的范畴是什么。

什么是客观描述？通过前文的内容我们了解到，客观描述就是将自己所看到的信息不加评判地描述出来。例如，当你看到来访者讲到某句话的时候，跷起了二郎腿，那么就客观描述而言，我们可以说："我看见你跷起腿了。"而不是说："我看见你跷起二郎腿了。"很明显，客观描述之中不掺杂任何评判性的赘述。

但我们对一个概念的了解仅仅到这里，并不足以说明其具体的理念为何，亦不足以通过目前对这个概念的理解，来划分其所属的范畴为何。不过不要急，当我们像这样弄明白一个概念的字面意思之后，接下来只需要再问一句：所以呢？或者说，那又怎样？（这是一个不错的提问方式，当然，前提是你真的想要弄懂，而不是某种钻牛角尖的挑衅或情绪化的质疑）。是啊，所以呢？即便我们知道客观描述就像人本主义哲学对心理咨询师提出的要对来访者真诚、尊重、温暖、不评判那样，但客观描述的目的就是向你的来访者表明你具备不评判的这个特质吗？这听起来简直像是一个老好人在说："嘿，朋友，叫醒你就是怕你着凉，要知道我刚刚帮你盖上了被你蹬掉的被子。"

正如我在前文提到的，客观描述运用的是存在主义哲学的理念，其目的不是大肆宣扬你的人本主义精神，而是着重于跟随事物的变化，并专注于来访者在这个客观描述之下做出的反应。因此这里的不评价指的不仅是对个体的尊重，还是对整个事物的自然发生过程的尊重。所以，我们能够通过来访者的反应来了解“客观描述”的实际功能为何。而这个功能往往也能够使来访者澄清出更多更为具体且客观的内容，也只有这样更为客观的澄清，才会使得来访者从那些复杂的事件与思绪中，整理出他需要聚焦的，由自身原因导致的问题。让我们试着理解以下这些文字：什么叫作由自身原因导致问题出现的部分？这个需要被聚焦的部分指的究竟是什么？

就一般心理问题而言，来访者坐在你的对面，开始诉说一段故事。在这段故事中，会出现很多的“人物角色”，或者说除了来访者自己以外至少还存在着另一些角色（无论是这些角色出现在了来访者的梦中，还是这些角色根本就是被来访者虚构出来的），而这些角色无一例外都在故事中拥有自己的义务或需要承担的责任。但对于来访者提出的问题本身而言，这些角色或多或少都使得来访者成了可怜的受害者。这就好比将来访者遇到的问题（大都是不良的人际关系及生活模式）想象成一块“蛋糕”。心理咨询师的首要工作，就是让来访者清楚地看到，哪一块“蛋糕”是属于来访者自己的。

尽管不是所有的心理治疗都主张直接用“来访者遇到的一切问题的根源，都是其自身”的观念来处理问题。例如，女性主义治疗，就不把焦点完全集中在来访者个人身上，而是选择以“赋权”的方式让来访者重拾自我。但这并不表示，女性主义心理治疗师会完全地忽视“一个人遇到的所有的问题都源自其自身”这一观念。因此，即便是对来访者进行赋权，也要做到有效地赋权，至少来访者能接受、实施且承担起这些权益和相应要付出的代价。但事实上，来访者往往习惯了早已固着的生活模式（固着的思维方式与情绪习惯），难以直接获得所谓的权益，因此在接受赋权的这个过程中，赋权成了某种目的，而那些或会导致赋权失效的障碍，就类似人们的一般心理问题，需要耐心地处理或治疗。当然，无论是打着哪种旗号进行治疗工作的心理咨询师，都不得“越规”剥夺来访者为自己生命做出选择，以及承担责任的基本权利。这是个界限问题，更是心理咨询师个人特质的核心要素。

因此，心理咨询师不得将赋权行为作为工作的重心或目的，而要将其理解为一个用以引导来访者的大致方向。那么，一旦将工作的重心聚焦于处理这个大方向上的具体障碍（也就是具体“问题”），即便来访者会在困境中扮演一名受害者的角色，心理咨询师仍旧需要借由一个人遇到的所有问题都源自其自身的信念，来帮助来访者整理和澄清出属于由他自己造成的问题生活模式或不良人际关系的那一部分。而这一过程，在心理咨询里面则被称为：个人化技术。

那么问题来了，我们帮助来访者整理和澄清出这样一个由其自身造成的对待问题的视角或态度，究竟有何意义呢？

让我们试着思考这样一个问题：我所遇到的问题，对于别人而言，也是问题吗？即便是阅读同一本书，一千个读者，不也能读出一千个哈姆雷特吗？

我的意思是，当我们试着不评价来访者提出的问题，更不将其视为一个问题时，或者将来访者与他遇到的问题关联起来，理解为个体遇到的某一具体的事情时，我们才能带着更为客观且不具预设的态度，全然投入于这一具体事情与来访者个人的关系之中。每一名来访者都是一个独特的个体，其面对外界事件的刺激，也会有着独特的反应。因此我们需要切记，作为心理咨询师，一定要着重于关联，并了解事件与来访者之关系为何。或者说，只有了解具体的事件对于来访者这个独特的个体而言意味着什么，心理咨询师才能不具预设，且更有“效能”地走进来访者的内心，了解来访者的这个“哈姆雷特”源自何处，对他而言又意味着什么。

当然，我相信这个时候一定会有朋友好奇：创伤后应激障碍（PTSD）人群出现的心理问题，难道也是由其自身的原因引发的吗？答案是肯定的。

回到一个最简单的问题：每一个人的自我防御机制或心理素质都一样吗？每一个人的信念、价值观、道德观，甚至是对灾难或死亡的理解和态度，都一样吗？尽管从统计学的角度而言，人们在面对重大事故或意外时，确实存在着一定程度上的PTSD 隐患（通常发生在人们的防御机制解除或减退的过程之中）。但这并不意味着，心理健康服务工作者在意外发生时，所进行的心理紧急干预工作，或所谓的心理疏导，就必须是针对预防 PTSD 进行的。换句话说，心理咨询工作可以有诊断和治疗，但并不存在以某种由心理咨询师个人预设的病症治疗干预为目的的说法。

一名医生，可以通过病人的症状和检验报告，进行诊断或预判病人患何种疾病。或者说，医生也只有通过准确地诊断出病人所患疾病，才能知道这是否和自己预判的一致。心理咨询师也是如此，只有在你客观地了解来访者在经历事故或意外后，遇到的问题究竟为何的情况下，你才有可能让他意识到，他面对的这场意外或事故（但我更愿意称其为事件）对他的意义究竟是什么。

四、预判——咨询中的有罪推定

事实上很多时候我们会发现一些中小学生在经历亲人的突然离世后并不会表现出过多的情绪反应。

“这孩子怎么了？”

“他一定很悲伤吧！”

“这影响怎能不大，他只是闷着不说罢了！”

相信在这样的情况下，有很多心理咨询师也会陷入这样的担忧之中。的确，很多的影视剧，以及我们常说的原生家庭对人造成的影响，都不得不令我们对孩子们呈现出的“没反应”的状态引起重视。因此会有很多心理咨询师在对这些孩子进行咨询工作时，难以相信孩子们真的不太在意这样的事情。

是的，你没有听错，不太在意，或者说这个年龄段的孩子对于死亡或永久的分离尚不具备什么概念，更别说会有什么深刻的理解了。正因如此，心理咨询师在进行心理疏导工作时，难免会将这样的担忧放大，甚至是将孩子的一些普通的天真想法，合理化成对悲伤的逃避。所以在这样的情况下，心理咨询师怎么能判定孩子哭出来，满足的是孩子自己的需求，还是心理咨询师想不为此担心的需求呢？

还是说，孩子在这样的情况下，不悲伤就真的意味着有问题？即便有经验的心理咨询师明白儿童对死亡的焦虑远远大于成年人，但要处理这些发生在潜意识之中的焦虑，也不意味着这些焦虑与他们此刻经历的亲人离世有直接的关系。

同时，心理咨询师的诊断不同于医生。医生对病情的诊断有检查报告可作为衡定工作方向的依据，但心理咨询师却没有。也就是说即便一开始医生会非常固执地认为（预判）这个病人所患的可能是肝癌，但在检查报告的众多指标和数据面前，医生不得不放下自己的预设，而根据病人的实际情况进行治疗。心理咨询师则无法在开展工作前得到任何可以依据的检查报告（除非你受过系统且专业的心理测验训练，而即便如此，也需要考虑你所掌握的测验资源是否适合该地域的人群使用），更别说从检查到诊断再到治疗这一系列的工作，都由心理咨询师全权负责。

假使心理咨询师就像一名固执的医生，预判了来访者所存在的心理问题，也就是说心理咨询师在这个时候，已经被自己的预判干扰了，那么来访者的实际情况，或者说真正需要被诊断的方面，也就被心理咨询师无情地忽视了。在这样的情况下，我相信心理咨询工作之中最重要的一点，也就是关系的建立，是无法实现的，而来访者也在不断地配合心理咨询师，在满足心理咨询师的预判的氛围中，或有可能使来访者真正需要解决的困扰被压抑，从而令其感到愈发无奈与委屈。

如果你自觉是一个在咨询过程中，善于主动提出问题的心理咨询师，那么我希望你能够觉察到在自己的好奇心之下，是否隐藏着一些担忧，以及对这些担忧的内容的恐惧。如果你察觉到这些恐惧的存在，那么请试着体会一下，这些恐惧想要让你做些什么，而来访者又该要如何配合你，才能消除你的恐惧。

至于这样的行为是否会对来访者造成二次伤害，不免让我想到来访者来到咨询室里，要么变得越来越好，要么变得更糟，总之不会毫无变化地离开。

事实也正是如此，至少我们可以选择向来访者介绍别的途径，而不应该让来访者因为我们自己的专业能力不足，而失去心理咨询这样一个可以求助的渠道。也只有这样，或许才能发现，原来眼前的这个来访者，他有可能真的不会感到悲伤。也只有你允许了他的不悲伤的存在，你才有可能走近他的内心，发现：“哦，原来你很厌恶学习。”“哦，原来你的父母总是吵架。”“哦，看来你很爱你的母亲。”“啊，原来父亲的离世让你感到了前所未有的轻松，但你却因担心母亲是否也这样离去而焦虑。”

是的，我们是心理咨询师，却也是普通人。我们会有很多很多的评判，这是我们的本能，无关对错。

五、建立同盟关系：关于陪伴的探讨

还记得“建立关系”对于咨询工作的重要性吗？前文中我将心理咨询工作的基本架构简单分为找到信念、解除防卫、澄清模式、发现真相、重新开始这五个步骤。在这些步骤之中，同盟关系是从一开始就需要建立的。换句话说，如果你未能与来访者建立起良好的咨访关系，那么，对方就不会信任你并与你合作，也就更不会为你解除自己的防御机制。简而言之，良好的咨访关系是构成有效心理咨询的核心要素，也是整个咨询历程中，需要不断维护的（就像心斋或稳定一样）。

显而易见，对于一个孩子来说，教育或引导本身不利于同盟关系的建立。假使我们放下“去教育”“去引导”的做法，而选择继续去跟随，又会发生什么呢？

跟随其实就是陪伴，可以说它比任何一种看起来像是陪伴的行为，都更能起到稳固地陪伴的作用。哪些是“看起来像是陪伴的行为”呢？简单而言，不具备充分地关注、倾听以及适时地共情的行为，都属于类似陪伴的行为。此时对方感受到的是不被关注、不被倾听，甚至此时我们所谓的陪伴都像是故意靠近他，让他感受这些。与此同时，无论我们做出的是引导、教育还是什么其他的所谓的心理治疗技术，在对方的眼里，这一切都只会使关系中的不信任感陡然增加。自然地，这种不信任感造成的抵触情绪，就会使对方的防御机制呈现得更为明显。

如果你和一个所谓的问题少年打过交道，或者说，你身边的某位家长也正在为自己孩子的厌学问题所困扰。那么我相信，你只需对那种艰难的教育稍做观察，便能很轻易地了解到我所说的这种“无效陪伴”是如何存在于生活之中的。是的，无论家长苦口婆心地好言相劝，抑或是费尽心思地循循善诱，绞尽脑汁，直至精疲力竭，都于事无补。最终，家长要么不再信任孩子能如己所愿地成长，要么对所谓的家庭教育感到深深的无力。显然，即便是面对这样的结果，孩子仍旧无动于衷。甚至某些处于逆反期的孩子在这样的教育环境下，还表现出现愈发恶劣的行径，例如，社交障碍、打骂父母，甚至上升到触犯法律。如此看来，难道说真正地陪伴一个人就可以解决这一切问题吗？

是的，事实上正是如此。教育专家会告诉我们要多陪伴孩子，于是父母充分地关注自己的孩子，说起来父母关注的是孩子的“成长”，事实上更多的是关注孩子在行为上的好坏、对错，于是孩子在这种看似“关注”“陪伴”的行为中，听家长们不厌其烦地唠叨一些大道理。是的，人们需要学习一些道理，或是通过对一些道理的学习领悟完善自我或规范行为。而且你会发现学会一个道理的前提，是“留意”，当人们回顾某些经历的时候，会发现其中蕴藏着某些像是规律的东西，而这些东西却又有些模糊不清，直到某天当人们听到或看到某个他人的总结恰好诠释了这个“曾被自己留意的模糊不清的东西”时，便会感到很有道理，当然，不排除我们也会自己总结出很多的道理，这便是我们所说的领悟。而在另外一些时候，当我们对某些事情之中蕴含的道理进行多次反刍（再领悟）之后，再加上我们作为个体对它的态度，便形成了所谓的观点。也就是说，就理论而言，观点较理论需要更多的时间来完善，因而更为来之不易，所以我们会说“年轻人少有观点”。

再者，因为观点的形成掺杂了很多个人的成分，所以没有绝对的标准，也就是说观点不具备共同性；反之，道理更像是生活的文化脉络下的规则，是需要被遵守的，因此道理具备共同性，是的，道理确实是要被教导的。但我在前面讲过，被教导不表示学到，想要学到一个道理的关键在于留意，或者说在意，至少得是我们主动地去注意到这些道理的内容时，方才有可能进行下一步，即聚焦于这个道理的思索学习，或者说也只有在主动地留意和聚焦这个道理时，才有可能学得进去。

当然，心理咨询中也会认为所有的在意与留意都含有兴趣的成分，兴趣在这里不表示有趣，而是指一种潜在的，这个在意背后的需求被满足后，或有快感的不被意识的期待。例如，孩子不喜欢父亲，也不跟父亲交谈，但容易被父亲激怒，其实也就表明孩子容易受父亲影响，容易被影响就表示在意，那么为什么会在意呢？又如，孩子觉得父亲这样做“不对”，这个“不对”就是评判；孩子觉得这样做“不对”，令人“不爽”，这个“不爽”就是对这个评判的感受。也就是说，孩子知道这是“不对”的，必然也知道怎样做是“对”的，至少是对于孩子而言的“对”。当然这需要心理咨询师去陪他探索了解。换句话说，父亲要是成为孩子认为的“对”的样子，孩子便不会对其有不好的评判，更不会有不好的感受，更重要的是，孩子认为的这个“对”意味着孩子对理想父亲的期待，期待自己的父亲应该是这个样子的。

但现实往往与这个没被意识到的期待不符，于是导致负面评价与不良感受、激烈情绪的发生。是的，不被意识的期待越大，发现现实与之不符时的负面情绪就越大，也正因为这个期待不被意识到，所以孩子会气冲冲地告诉你“我对父亲根本就没有期待”。

当这个不被意识到的期待被澄清出来时，它所关联的其中一点就是这个期待背后隐藏的需求。让我们做个假设，假如这个期待被满足了，父亲成了孩子所期待的样子，那么对于孩子而言，他得到了什么呢？

如果我的父亲变成我所期待的那样，那么我会得到什么，这个“什么”就是暂时未被满足的需求。至于被期待的那个样子，事实上在很多情况下，存在着很多不合理的地方，而这些不合理的部分，则在心理咨询专业中被我们称为——不合理期待。

面对不合理期待，向来需要心理咨询师协助来访者对其进行澄清与修正，但无论如何我们了解了这个人的需求是什么。这里所讲的兴趣指的也就是被我们克制的，这个需求被满足后主观认为会得到的快感、期待。的确，这是一种在现实环境中不得不被深深回避的期待，但正如我们所了解的“存在本身与你是否能意识到无关”。所以这个兴趣既然存在，我们就可以找到它。“兴趣”这个词，听起来就很符合自身的需求，不是吗？无论心理咨询师会用这个“兴趣”来做些什么，前提都是要让来访者允许这种兴趣存在。

六、被默认的内容——咨询中的潜在威胁

在这里我希望能够引起朋友们重视的一个词就是“聚焦”。回到前面关于教育孩子的例子当中，如果我们不能真正地陪伴孩子，那么即使我们花再多精力去学习或运用再高明的教育技术或手段，对孩子而言都是无济于事的。为什么？答案是不在意。讲到不在意，不知道朋友们对于能成功引起孩子注意，或引起孩子重视有何经验呢？尤其是对于一个选择了放弃，或即将放弃孩子的家长而言，打骂体罚，无疑成了最后也是最没办法的办法，这就类似于手术台上的除颤仪，心肺能不能复苏不知道，但可以肯定的是，电击进行的那一刻，呈现出的任何反

应，都像是充满希望的，或是好转的开始。是的，也如同给手机充话费一般——至少这顿打能管上个几天。但区别就在于，话费充多少便可以用多少，然而打骂体罚，则会随着频率的增加，反而使得收效逐渐减弱。打骂得多了，孩子也就习惯了，或开始反抗，或开始敷衍，所有的动物，一旦被打疲了，打骂体罚也就不存在任何矫正的功能了。

那么，“打疲”了的孩子，真的就无药可救了吗？这得提一下阿德勒对于作奸犯科或作恶多端的人的观察和总结。阿德勒认为作奸犯科的人尽管表面上无所畏惧，但其实骨子里是十足的虚弱。同样，那些看起来勇敢无畏的孩子，内心都有一种软弱感，而这些我们都可以通过各种微小的迹象观察到。例如，不少孩子站立的时候不是挺直腰杆，他们总是要挨着某一样东西。采用古老的训练方法，确实可以治标，但不能治本，例如，人们会对孩子说：“站直了！”但事实上，问题并不存在于孩子倚傍某样东西的动作，而是在于他总需要获得某种支撑和支持。有兴趣的朋友们可就其更多的观念作为参考，毕竟面对儿童的教育问题时，我们更多的担忧是孩子是否会学坏。另有心理学家指出，没人能够阻止或剥夺孩子探索这个世界的需求和权利，因此作为家长需要做的不是对孩子加以管教，而是给孩子提供一个安全的探索环境，因为这其中关系到一个常会被教育者或心理学家忽略的重点，我管它叫需求的给予。我们大都会认为人的外在需求背后存在着某个内在的需求，也正是在这个内在需求未被满足也不被意识的情况下，我们发展出了为满足外在（能被意识到的）需求而形成的信念及行为习惯。

举个例子，一位母亲如果长期给孩子灌输“我们家很穷”

的思想，或者在生活的诸多方面都拿钱来说事儿，那么随着时间的推移，“需要很多钱”就成了孩子的外在需求，虽然我们说这个外在需求是可以被意识到的，但人们更多的时候，则是将自己的意识集中在能满足这些需求且与之相关的事情或行为上，而忽视此需求的存在。就像这个对金钱格外在乎的孩子，他不一定会像妈妈那样成天念叨与金钱有关的话题，但在生活中一定会将很多的精力耗费在如何获取钱财上。换句话说，人们更多时候去意识、去思考以及去评判的内容，都是围绕着这些方式、方法进行的，因此来访者总希望心理咨询师直接告诉他们最好的方法是什么。如同例子中的这个孩子，时常会因为身上没钱而感到焦虑，进而表现出在“物质需求”上的不满足；当我们了解这个孩子的“金钱观”时，就会知道孩子认为“金钱很重要”。但奇怪的是，这个口口声声说自己非常在乎金钱的孩子，却又时常花钱无度，的确，没有任何家长会相信一个花钱大手大脚的孩子，竟对“金钱”这样在意。

这就如我刚刚说的，尽管人们的外在需求是可以意识到的，但在日常生活中，人们更多的则是将自己的意识集中在能满足这些需求，且与之相关的事情或行为方式上。在这里我们不难发现，甚至当作为旁观者的家长或其他人试图去解释这个孩子的问题时，其所关注到的，往往也仅限于这个层面。

因此，周围的人都会评价这个孩子：“是的，他就是有这个花钱大手大脚的坏习惯，也不知道是跟谁养成的！”换句话说，当所有人给孩子贴上这样的标签的时候，也就意味着，包括孩子在内的所有人，集体默认了我所说的这个可被意识到的部分，也就是我们前面说的这个孩子对于金钱需求的部分。问题是，这个可以被意识到的“对于金钱需求”的部分，对于孩子的意义，却又不同于周围的人。

换句话说，周围的人默认这个孩子对于金钱的需求，也就意味着他们同时忽略了这一点的存在。因而，他们只会更专注于孩子表现出的行为（花钱没有节制）有多么地不符合所谓的“共同价值标准”。因此，也就形成了对孩子的行为的相应评判。而于此之后展开的所谓的“教育工作”，自然也遵循着这些评判（事实上这个时候，人们已渐渐地从“对于金钱的需求”的默认转换成了对这个孩子所做出的评判的默认，也可以说这个时候周围的人们表现出的“行为”也都建立在这个对评判的默认的基础之上），于是，我们会发现周围的人对这个“花钱无度”的孩子表现出的态度，要么是绝望无力地教育，要么是愤怒地提出各种要求，当然，也有一部分人会选择置之不理。

但作为心理咨询师，当我们遇到一大堆问题摆在面前时，需要切记的是：

1. **多问一句：“所以呢？即便如此，又能解决什么问题？”**

事实上很多人寻找心理咨询师的目的，并不是解决自己的问题，而只是想要借此叙述一个困扰，换取心理咨询师的理解与认可。

因此在这里，我建议心理咨询师不要执着于解决问题，而是借“问题该如何解决”这个落脚点，启发来访者对他的这个问题进行梳理。同时心理咨询师可以借“如何解决问题”这个议题，对来访者给出的信息进行筛滤与衡鉴，并借此了解来访者本身的需求为何，以考量咨询工作的性质。当然，这也有助于实习心理咨询师在一个明确的议题或主题中，明确自己身份与角色的界限，从而避免越轨行为的出现。关于这一点的具体实施步骤我会在后文中详细阐明。

2. **心理咨询师不要让自己成为任何人的说客或帮凶**。

如何理解这句话？我在前文中强调过，心理咨询师的工作是以来访者的利益为出发点，也就是说我们首先顾及的是来访者的利益，哪怕来访者是个凶案罪犯也好，而不是替来访者周围的任何一个人“出头”。否则你将无法走入来访者的内心，从而妨碍工作的开展。但在这里，我也希望各位注意不要成为任何人的“帮凶”，也就是说，尽管我们要以来访者的利益为出发点，但不表示我们可以做出违背伦理或超出心理咨询师应有界限的越轨行为。

关于“伦理”，每一个行业都有其职业伦理需要遵守，心理咨询师也不例外，假使你遇到了一个好的老师，我相信他一定会反复对你强调掌握伦理知识的重要性。毕竟，心理咨询工作在某种意义上，是一种需要通过“做减法而不减去”或以“无为而为之”去促成转变发生的工作，只有建立起良好的伦理观，才能在工作中尽可能地保护好自己与来访者，以避免二次伤害的发生。那么在这里，我们就需要学习和规范心理咨询师的个人界限，而这也能够为避免“伦理问题”的发生打下牢固的基础。

3. **客观描述**。

既然我们明确了“心理咨询师不是任何人的帮凶”，那么我们自然是“第三者”——一名距离来访者更近或更为来访者利益着想的第三者。因此当我们对这个需要处理的问题进行归纳总结时，必须是描述性的总结，而不能像孩子周围的人那样武断地将来访者表现出的“行为”称为“问题行为”。

在这里需要强调的一点是，心理咨询师眼里的解决问题不等同于孩子家长所提出的解决问题。这很重要，因为这关系的是心理咨询师的专业位置或立场的问题，“解决问题”对于家长而言毋庸置疑是建立在对孩子行为的负面评价之上的。因此，当家长找到心理咨询师时，自然期待心理咨询师能够站在自己的立场上，帮自己改变孩子目前的这个“让周围的人感到不满的行为”。所以当你仔细去听家长对这个孩子的情况的描述时，便不难发现其中掺杂了非常多的个人感受以及对共同价值的强烈认同。家长们希望心理咨询师听到后能感同身受。

但讲到对“共同价值”的强烈认同时，有的朋友或许会觉得不尽然，毕竟我们经常会听到家长说：“我不要求孩子能变得多么优秀，只要他不再像现在这个样子就好。”但如果你多些耐心去观察则会发现，孩子的行为如果发生转变（但不是变得像大家希望的那样），那么孩子与父母的关系就会随之变得紧张起来。是的，好景不长，又变回了原来的样子，甚至变本加厉，不过就实际情况而言，大部分心理咨询师未能有机会了解到这一点罢了。

就现实情况而言，无论哪个国家或哪种文化下的来访者对于心理咨询工作的认知之中都存在一定的侥幸心理以及不合理期待，这也就是老师们总是一再强调“去神秘性”的重要意义。首先我们需要了解的是，除了非自愿坐在来访者位置上的人会对心理咨询师产生敌意，其实即便是自愿前来的来访者在心里或多或少都会对心理咨询师怀有敌意。敌意？你没有看错，我的朋友。

如果有人向一名心理咨询师朋友吐露心声，或抱怨两句烦心事，那是可以理解的；但如果说是到了需要花钱专程去找一位素未谋面的陌生人倾诉，只能说不是这个人遇到了在他看来着实难以应对的情况，那就只能感叹他确实有良好的心理健康意识及雄厚的经济实力了。当然，后者毕竟不占多数，但确实有这样的人，也正因如此，我们才不能轻易地将心理咨询中所谓的“问题得以解决”理解为“解决眼下的问题”。尤其作为实习心理咨询师，更需要明确地意识到获得解答和重新处理都是心理咨询工作自然产生的结果。也就是说，从狭义上来定义心理咨询这项工作的话，我们可以把获得解答与重新处理一并视作问题得以解决。要知道，通过心理咨询发现的问题即便是获得解答了，也不意味着找到了新的处理问题的方式，因此更不要指望当来访者再度遇到类似的情境时会有比现在更好的“处理方式”来面对这些问题，至于能否打破之前生活的“固着模式”，也就可想而知了。

所以，我们需要检视自己认为的心理咨询工作中的“问题得以解决”究竟是什么，假设那只是你期待的结果，甚至不知不觉中它已经成为你在开展工作时的信念，并让你对此抱有强烈的目的，那么请你暂时地放下它。既然我们口口声声说每一个人都是独立的个体，也声称要“尊重”每一个个体，那么当来访者坐在我们的面前时，就不要抱着强烈的目的去对来访者进行引导。

当然，适当的引导点是必需的，不过引导得建立在两个基本的认知上。第一，虽然我们常说，心理咨询师需要跟随与陪伴自己的来访者，但事实上这并不违背心理咨询师才是咨询历程的主控者的事实，即能够把控咨询过程中有效时机的人，而非来访者。第二，心理咨询师有义务将来访者引导或训练成自己的来访者。有经验的心理咨询师不难发现，尽管来访者在咨询过程的初期，对于接下来要经历的事情仅有一些模糊的概念或感觉，但在咨询过程正式开始后不久，他们通常会试着用那些他们比较熟悉的人际关系方式，来看待及参与咨询关系。这是人在逐渐放松的环境中的本能行为，可以被理解，但他们这样做，却注定是失败的。事实上，咨询关系的关系形式应该主要由心理咨询师来决定。毋庸置疑，作为心理咨询师的我们所谈论的“主题”本身，也是心理咨询师（这个“立场”）关注焦点后的结果当然，无论这个“焦点”是源自心理咨询师的个人好奇，还是通过专业筛滤后的客观关注，其中必定都含有心理咨询师个人的兴趣所在，作为人的本能，这和来访者会将自己惯用的人际关系处遇方式，自然而然（无意识）地用在安全环境里是一样的。本能没有好坏之分，看用在了什么地方，但在这里希望大家能够意识到这一点，也告诉大家，不能因为自己是心理咨询师就否认自己作为一个人类的本能的存在。而且咨询师的个人成长也包括要将这些参与咨询过程的本能整合成一种具备效用的能力。关于这点，我们将于后文中再做详细探讨，是否要问问题也是站在心理咨询师立场上做出的选择；假如心理咨询师真的提出问题，这些问题将会对来访者接下来的反应（包括来访者的想法及各种形式的回应）产生有效的影响，那么心理咨询师通过专业的“筛滤”，会决定应该把焦点放在哪些事件上，或是忽略掉某些事件。而来访者以何种方式进入咨询过程，以及他们对于咨询过程的期待是什么，也应该是受到心理咨询师的意图、理论和目的的影响，包括咨询的步调、节奏、历程中出现张力状态或缺乏张力，以及心理咨询师要扮演或不扮演什么角色等，这些都是心理咨询师的责任，也是心理咨询师作为主导所涉及且需要强调的各个面向。然而很多的实习心理咨询师则会想当然地认为：咨询历程是由来访者带头，而心理咨询师只要跟着来访者的步调，然后美好的结果就会发生了。要知道，即便是罗杰斯这样的“个案中心咨询学派（client - centered counseling）”的代表人物，他也会培养来访者成为“个案中心咨询学派的来访者”。如果你点开相关视频，细心一点去观察的话，不难发现，尽管每一个来访者的声调与谈论的内容都是不一样的，但是罗杰斯的声音听起来却都一样。而随着咨询历程的发展，渐渐地，我们会发现每一个来访者的咨询过程听起来就变得都一样了。

因此，心理咨询师要学会将来访者培养成你的来访者，也只有这样才能与来访者建立起更为“良好”且有利于“咨询过程得以发展”的“关系”，当然也不是偏激地认为，将来访者培养成“你的来访者”，是为了能够更好地配合你，达成你的目的。

七、正确对待来访者的议题

前文讲到，心理咨询师要懂得在咨询过程中，对搜集来的信息进行筛滤，并于逐渐形成的咨询脉络中寻找咨询工作开展的大致方向，但这并不是让心理咨询师结合自己的经验和那些

“自以为是”的信息来对来访者进行预判，也不是让心理咨询师滥用这些信息来诊断来访者病情，更不要说为这个本就不明确的方向拟定一个“自以为是的终点”。

显然，正如我在前文中强调的，运用后设认知且秉持关心、真诚的态度去走近你的来访者，或许才有可能还原出那独一无二的“真相”。至于“如何处理问题”，重点其实不在于策略或是治疗技术，而是取决于作为心理咨询师的你，在你的信念中是否真的信任你的来访者，信任他能承担起自己的责任并为自己的生命负责。如果你有扎实的咨询技能、清晰的原则与界限，也恰好你能有这样的信念，那么我相信在信念的驱使下，你会找到你与眼前这个独一无二的来访者真正解决问题的方法。这是期待，是需要朝之努力的“方向”，首先我们需要做的便是，正视“究竟怎样才算问题被解决了”，或者说“可以了，我知道这个时候咨询工作可以结束了”。在这里，我们就将成功咨询大致划分为两类，一类是问题得到解答，另一类则是找出处理问题的方法。

前文中我讲到过“问题得到解答并不意味着找到了新的处理问题的方式”，但这不表示仅仅获得解答是没有任何用处的。因为在很多时候，来访者在咨询室这样安全的环境中，本身就表示他有机会以一个新的角度或用一个相较于之前不那么偏激的方式，再次审视问题状况，而且在很大程度上，再一次对问题状况的检视（随着来访者对“盲点”及“矛盾点”的“澄清”），或多或少能使来访者从中看到自己之前对问题产生了哪些误解，可能光是这么做就把问题给解决了。是的，在这个过程中心理咨询师并没有让来访者做出什么决定，也没有任何的计划或执行什么新的行动，只是对问题有了一个全新的理解，问题便突然消失了，痛苦不见了，与之相关的情绪也不见了，甚至在部分情况下来访者的反常行为也可能随着痛苦的消失而发生转变，但事实上来访者的意识层面并没有发生任何事情。的确，这听起来完全违背了我们对于成功咨询的理解，既不让来访者做出新的选择，也不拟定任何计划，甚至是没有目的，但罗杰斯确实会根据一些来访者的情况，在达成这一步的时候宣称咨询成功了。这一类，正是通过“问题得到解答”结束咨询工作，罗杰斯通常就是这么做的。至于另一类，也就是令更多心理咨询师觉得心里踏实的找出处理问题的方法，也是现实疗法创始人威廉·格拉塞惯常的做法。

这两种方法都是有效果的。但我更希望朋友们认识到，问题得到解答不是罗杰斯的目的，而威廉·格拉塞也从来没有说过“不能找出处理问题的方法就意味着咨询失败”。这一切咨询成功所表现出的状况无非是心理咨询师所使用的治疗取向本身的哲学倾向的映照。

因此对于心理咨询师而言，重要的是“做好准备”且放下你的认为（“心斋”状态），以迎接这两类可能出现的状况。不过眼下我们还需要面对另一件事，我知道再不讲就要变成各位的“未尽事宜”了，那就是“敌意”。

既然一个人是自愿花钱来寻求你的帮助，而不是单纯地想要做一下心灵按摩，可想而知这个来访者的生活定是出现了严重到周围的人也都爱莫能助的大问题。

我相信，至少这个问题在来访者看来已经足够严重了，否则他不会有前来的意愿。另一件我相信的事情是，基本上不会有人在遇到困难的第一时间想到找一名心理咨询师来帮助自己，因此我认为，来访者在与我第一次晤谈之前，已经尽其所能地向周遭或能帮助到自己的人，试着传达过求助的信号，而其中也包括来访者自己。正如我在前面提到的那样，罗杰斯所指的成功咨询，通常属于问题得到了解答，但我们也知道这个世界上不存在任何一种心理治疗，能适用于所有人；即便是整合取向，也无法弥补孩子需要在生活中被引导和教育的客观事实（毕竟心理咨询工作最为基本的尊重，是要遵照发展心理学的自然规律）。甚至在很多时候，心理咨询师会发现：假如能够做些越轨行为的话，似乎能使得来访者受益更多，但即便如此，心理咨询师也只能眼巴巴地看着。

事实上，咨询中比解决问题更急迫的是满足需求，合理满足来访者的需求，以确保同盟关系的稳定发展。正如在前文中说过的，懂得运用反移情，就是懂得利用你所感受到的那些，以及来访者通过其行为模式间接对你提出需求，从而反馈他的不良人际关系模式也是同样的道理，都属于利用自己的感受的范畴。

因此，无论是违反伦理法则的行为，还是咨访关系中的越轨行为，都会在无形中增加心理咨询的风险。这就像我在前文中强调的那样，所谓处理问题，并不是指要去解决眼下的问题，而是要站在一个持续发展的时间线上来看待你要处理的问题。

也就是说，尽管心理咨询工作往往会对来访者产生很大的影响，我们也千万不要误把心理咨询室当作来访者的人生转折点，在这个盲区内扮演上帝，就好像我们能够轻易地承担来访者的过去，那么来访者的未来呢？在我看来，心理咨询工作充其量就是为来访者提供一个安全的驿站，让他疲惫的身体放松下来，休息休息，喂饱他的小马，好叫他继续自己的旅程。因此在来访者离开之后，他会回到自己的世界，继续自己的生活，而生活中也会有新的经历，遇到新的磨难，会有安心的日子，也会有令人焦虑的新问题。

当作为心理咨询师的我们有勇气且能够全然承认这个“客观事实”之后，自然地，你会从人生导师的角色，转变为心理咨询师的角色，进而拥有平等的能力。而这时，来访者找到了你，显然，他们无形之中已经默认了自己是失败的，对于自己的未来，也难再抱持乐观的态度。他们不会清楚地了解心理咨询的过程有很大一部分是在协助人们把潜意识的材料提升到意识可觉察的层次，这么做可以使来访者有机会运用这些新的、重要的信息去重新思考如何解决自己的问题。同时，来访者也不会知道他们的问题之所以不能解决或没办法处理，就是因为那些很重要的潜意识材料已经在问题解决的过程中遗漏掉了，也完全不被列入考量的范围内。因此在来访者心中，他们自己不光是向他人寻求过帮助，甚至会认为自己已经从每一个角度检视了所有的变项，但却仍然无法使事情变得更好。所以毫无疑问地，来访者在踏进心理咨询室之前就已觉得自己失败了。

作为心理咨询师，务必清晰地认识到来访者在第一次见到你时会有这样的失败的感受，在这里，我们称这种失败的感受为气馁。要理解你的来访者会有这样的感受，尤其是在一段咨询旅程开始的时候。否则自咨询室房门在来访者背后关上的那一刻起你就失去了这个来访者，这也就是为什么你的老师会告诉你："支持他！给予他力量和希望！"当然，我相信大部分情况下朋友们都能很棒地支持和鼓励你的来访者，但支持和鼓励绝对是一把双刃剑，因此我才会在这里明确指出应该给予支持和鼓励的时机。

第五章　心理咨询的原则与辩证

我想到实习心理咨询师常会犯的一个小错误，就是和来访者“各说各话”。是的，我常常听到有心理咨询师抱怨：“实在是不知道从哪里入手，简直挖不下去!”每次听到这样的话，我的脑海里总会浮现出马王堆、三星堆之类的地方，但咨询不是考古，即便“童年环境”“原生家庭”这些信息总是会出现在心理咨询交谈之中，但这对于来访者本身而言，这也很有可能会对未来造成影响。因为心理咨询师听到的对于一段过去的描述，只是在当下这个环境（场域）中的描述，而不是绝对的描述。试想一下就会知道，即便是同一段过往，人们也会在不同的情境下以不同的情绪描述出多个版本（叙事或认知等治疗在某些时候就会针对来访者对过往的负向描述做修正工作）。

因此，就此时此地而言，我们从来访者口中了解过往的意义不在于我们因此得知了来访者为什么会是现在这个样子，而在于我们要客观地看到这段过往的信息与此时此地的来访者以及咨询的脉络关联。因此，过往在大多数情况下只负责提供帮助解决问题的信息，而不表示了解了来访者的过往就能直接解决问题。心理咨询师不要自以为是地将来访者现在呈现的样子与他自己关联起来的过往作决断，要知道事件可以有因果关系，但人格的形成需要考量更多的面向。

一、整合取向心理治疗的思辨方式

“往下挖”究竟是什么意思呢？

我们将找到信念、解除防卫、澄清模式、发现真相、重新开始这一系列过程，称为深入探索来访者内心的过程。但需要大家明确的是，在整合取向心理咨询的基本架构内，心理咨询师应当明确自己的聚焦点，究竟是一次五十分钟的心理咨询，还是一段完整的心理咨询历程。

让我们来简单地理解这句话。假设你和来访者第一次见面，此刻，他正坐在你的面前。当咨询工作进行到十五分钟的时候，对方突然对你表示感谢，感谢你让他看到了自己的盲点或矛盾点——“是的，如果这样看的话，其实我自己是能够处理的，谢谢您让我看到了这些，我也感觉说出来心里舒服多了。”那么面对这样的情形作为心理咨询师的你会怎么做呢？

就找到信念、解除防卫、澄清模式、发现真相及重新开始这几个步骤而言，显然来访者已经主动地将整个咨询工作从第一个步骤，也就是“找到信念”，直接推进到了最后一个步骤“重新开始”。

这个时候，心理咨询师需要意识到，来访者并不了解心理咨询包含哪些步骤，更不会知道这些步骤之间的关系。同时作为心理咨询师也应当了解，就像所有的心理学知识一般，它们不是存在主义哲学家创造的产物，也就是说，并不是先有人提出了这些步骤，而后大家再去给这些步骤赋予意义。它们一开始就存在于在我们的生活中、经验里。正如我们所总结的：咨询历程中所有的问题，无非是与权利以及亲密感有关的人际关系问题。

显然，这些问题对于我们每个人而言都不陌生，也都无法避免。那么自然地，人们也在无形之中，为此发展出了诸多的人际关系处理办法，而这些处理办法之中也存在着合乎人类心理发展过程的潜在规律。只是很久很久以后，才有人开始关注到这一大致的规律。这一发展规律之所以未能实现稳固发展，大致可归因为在与人际关系相关的亲密感和权利这两个范畴内形成的综合障碍。而这些障碍形成的原因、未知障碍的探索、处理这些障碍的方法以及障碍的预防都是心理科学不断聚焦的课题，心理咨询实务工作在很大程度上正是在运用这些研究中对人有益的部分，并将其落实到来访者身上。就如同布伦塔诺的理论，既尊重其模糊的本质，又将其可测量的部分筛滤整理出来形成系统，作为一个清晰、简练的模板供大家使用。

因此，当正确地认识到这些步骤存在的必然性之后，我常告诉学生：“放松点，这不是什么了不得的技术，书上讲的你都会，它无非是在告诉你怎么用会更有效能罢了。”所以当我们的咨询工作随着架构一步步开展的时候，从“找到信念”直接跳跃到“重新开始”的步骤是根本不可能发生的，因为这严重地违反了人类在处理问题时，最为基本的心理自然发展规律。在这个时候，作为心理咨询师的我们需要做两件事情，第一件事情是停止，停止来访者意外的举动带给你的焦虑以及恐惧，并立刻检视一下自己的状态，看看自己发生了什么。毕竟从开始咨询工作时心理咨询师就应该调整到跟随的状态。

假使你很确信自己已经调整到能够运用同理心进行咨询工作的状态了，就检视一下自己的内心是否已经感受到了来访者对你的不信任，或者是他正因为什么而感到恐惧，从而想要快速结束咨询。回顾一下刚刚你们的对话，看看自己是否曾感受到了来访者想要拒绝、想要逃避，你可以试着问问自己："我们的信任关系、同盟关系真的建立起来了吗，假如没有呢?"没有关系，心理咨询师有权利对来访者提出要求，这个时候你大可请来访者给你一点时间做这些整理。

而后，你将做的第二件事情就是继续你的咨询，"继续?不是都走到最后一个环节了吗?"果真如此吗?我在前面已经说过，心理咨询工作所使用的是谈话治疗，而不是口语治疗，就算来访者在口头上表现出的是"重新开始"这一步骤的样貌，但就心理咨询师的立场而言，试问一下自己，哪一个人从"找到信念"过渡到"解除防卫"这一步时不会表现出防卫呢?换句话说，前面我所讲的"现代心理咨询基本架构"中的这五个步骤如果真的合理地建立在人类心理的自然发展规律上，那么只要心理咨询师坚信它的合理性，并能够清楚地意识到来访者的反应属于哪一个发展步骤，这个时候，就应该像我说的那样"检视自己"并"继续跟随"。通常情况下我会建议学生假设重新开始，或者更为准确地说，是将原本应该在"重新开始"这一步骤中心理咨询师才去完成的工作暂时地挪到此时此地进行。并不是说接下来我们的来访者就真的能够"重新开始"了，而是说我们可以将其视作"重新开始"的预演。这样的预演也能够使我们了解，如果这个时候我们真的结束咨询工作，对方将会带着哪些东西离开咨询室。

换言之，也是在将这一步骤本身更为完整地嫁接到前面的步骤中来完成时，我们才有可能既不失原本步骤（即“找到信念”）的目的，亦能够借此继续搜集来访者的“信念信息”，还能在咨询结束时，相较这个预演的“重新开始”与真正达到的“重新开始”，且进行衡鉴、调整或补充。

由此，我们不难发现就表面上呈现的模样或更有可能遇到的复杂情况来看，心理咨询步骤的推进在其所呈现的方式上并非如我们想象的那般顺利。也正因如此，我们才需要将学习的焦点放在了解这些步骤会被这样排列的客观原因及其原理上，防止自己被各种各样的障眼法欺骗。在这里，为使大家在今后的职业生涯中能够有效地学习心理咨询中的各种原理及知识，我需要对诸位重申学习心理咨询专业知识时应保持的基本价值观，在下文中我将以人本主义心理治疗的工作内容举例。

二、客观现实——能让个体觉知到真相的部分

我们会从书上了解及学习到罗杰斯对于心理治疗师的基本要求：以真实、温暖、尊重、不评判及正确的同理，给来访者提供安全氛围，以促进来访者进行自我探索及保证后续治疗的先要。

但如果我们按照书上指示的那样去要求自己，告诉自己要在咨询工作中保持真实、尊重、不评判的态度，并对来访者做到“正确的同理”，那么当咨询工作正式开展时，我们保持更多的可能只是自己的紧张情绪，而不是一个完整的此时此地的状态。

假设罗杰斯提出的要求是构建这个安全场域的基本要素，那么这就意味着它们具备不可分割的整体性，也就是说安全场域是无法解构的，因此我们不仅不可以将这些基本要素拆分，甚至还要试着将这些要求理解为一个整体的状态。那么再看回“人本主义心理治疗”提出的要求时，我们应该首先思考的问题是：所谓真实、尊重、不评判的态度究竟是一种怎样的态度？何谓真实？何谓尊重？而“不评判”对心理咨询师而言又意味着什么呢？当这些态度并存于此时此地时，也就是说当我可以带着这个包括真实、温暖、尊重以及不评判的完整态度去对来访者进行同理时，所谓的正确同理又该如何理解呢？或者说什么样的同理才是正确的同理呢？带着这样的问题，我们至少应该开始对这些词汇进行逐步的理解。

拿“真实”这个词来说，正如我们在前文中介绍的，心理咨询工作并不是围绕来访者提出的问题寻找解决的方法，而是就来访者提出的问题搜集相关信息，并通过工作内容，一步步地将其从问题中剥离，并形成真实问题模式的部分。

也就是说，在很大的程度上，来访者只有了解自身的“被压抑感受”，不断澄清矛盾点和盲点，才能从旧有信念环境中脱离出来，并以新的视角对自身遇到的问题重新做出判断与选择。这一过程是摆脱错误认知以及不合理期待，全然于此时此地对问题事件做出新的认知与学习的过程。在这一重新经历的过程中，我们面对这个问题本身开始形成一种处理能力，而以一个更为客观的态度对问题进行梳理，得出的新的结论或观点即为“真相”。

但就心理咨询师而言，想要帮助来访者获得所谓的真相，真实无疑成为这一探索过程的重中之重，通常情况下我会将这个词归纳进心理咨询师的个人特质之中，但心理咨询师也需要意识到谈话治疗是两个人的互动行为，在此行为之中，双方必定都会被对方影响，哪怕是默不作声。因为就客观事实而言，咨询室（即一个现象场）内的互相影响，包括由环境、来访者、心理咨询师共同构建的此时此地彼此相互联结。因此就最为基本的刺激、反应而言，无论这个来访者在对心理咨询师陈述问题事件时是否在意心理咨询师的存在，哪怕看起来他们彼此并没有建立关系，但这个现象场无疑会对个体造成影响。换句话说，事实发生在自我之前，而人们的自我，则如罗杰斯所说的那样，是现象场的产物与升华，这一切都发生在自我经历了此时此地之后。

罗杰斯也明确地指出，心理咨询师需要无条件地积极关注，来获得这一本就存在的现象场，他也强调咨询工作开始于此时此地的来访者个体的自我现象场，并陪伴来访者一步步觉知，以澄清出更多的客观现实。毕竟，客观现实属于自我现象场中能够被个体觉知的真相部分，其中包括只有个体自身能觉知到的思想、经验、信念及情绪感受等，而个体觉知不到的其他部分，则不属于个体的“客观现实”。

在这里我需要向大家强调的是，所谓的个体的客观现实部分，并不都在个体能够直接觉察到的意识层面，更多的则是存在于前意识层。拿自动化想法来说，在这里我们将其理解为一种不被个体控制的条件反射型思维方式。特点是模糊、不完整且不请自来，因此难以被个人控制。也正因为它存在于个体的前意识层，所以通常情况下，这样的想法就问题事件而言毫无关系或逻辑可言，仍旧不被个体辨明。但它毕竟属于“前意识”之层面，因此，正如提出自动化想法理论的美国精神治疗师阿伦·特姆金·贝克（Beck）对来访者说的那样：“不管什么时候，你只要体验到一个不愉快的感觉或情绪，便试着去回忆在此感受之前出现的想法”，也就是说，导致个体经验到这些负面感觉的罪魁祸首，正是隐藏在其背后的“自动化想法”。但也正如贝克所指出的，只要试着去回忆，便能找出在此情绪感受之前的想法。

当然，就咨询工作的第一个步骤——找到信念而言，有很多关键信息的获取远比这要困难与复杂得多，正如阿德勒不断强调的那样，当我们对个体的内在进行分析时，万不可忽视整体的存在。有了整体的存在，个体内在的各部分甚至与外在才存在着密不可分的关联，并彼此相互作用着。因此，首先，我们要以整体观的观念面对来访者提供的信息，以及这些信息对来访者自身整体的意义——这是学习心理咨询知识应有的思维方式；其次，我需要朋友们带着这个整体观来进一步了解咨询工作中找到信念这一步骤的复杂之处。

三、信念系统——贝克认知理论的导读

前面我们已经介绍了个体的客观现实部分大都存在于前意识之层面，其亦是人们产生负面情绪与感受的原因（即个体自动化思考与此时此地的外界刺激发生反应）。

我们在一个以真诚、尊重、温暖、不评判的态度构建的令来访者感到安全的咨询环境中，要求来访者对其自身的负面感

受或情绪经验之前的想法做出回忆时，我们得到的仅仅是非理性想法或错误想法。

事实上来访者与其提出的问题事件相互作用，问题事件影响来访者，来访者也在问题事件中扮演不可或缺的角色，使得问题事件通常不止一个。一套非理性想法或一套错误想法驱使情绪感受及行为滋生于问题事件之中。而心理咨询师需要做的工作便是在找到信念这一步骤中，除了要对来访者于问题事件中面对具体事情做的反应做出澄清，也要对来访者的内在规则及信念信息予以搜集、排序与澄清，使来访者能够意识到“自身”这些与问题事件密切相关的非理性想法或错误想法。可规则、前提以及信念对于个体而言是如何运作的，而我们又该以何种方式搜集这些信息呢？

在找到信念这一步骤开展之前，先让我们借由贝克的基本理论来对人们的认知思维过程进行一个大致的了解。

我们需要明确的是理论之中的三个名词，包括认知事件、认知历程以及认知结构。我相信当你任意翻开一本关于贝克认知理论的教材时，不难发现这三个名词会以此顺序排列讲解，但在这里，为便于大家更好地学习该基本理论，我会将这三个概念并在一起讲解。

通过上文，我们了解到自动化思考发生在前意识之中，这通常也是造成我们情绪感受的前提。那么我们试着来了解一下自动化思考所涵盖的范围都有哪些。

就贝克的理论而言，认知事件便是构成一个完整的自动化思考的最小单元，或者说从认知事件到个体产生一些能够轻易就被意识到的思想、心象、情绪、感受及行为这一过程，即为一个完整的自动化思考发生过程。笼统一点说，这一过程之中就包括认知事件及认知历程。

当然，这一自动化思考之过程更是关联着贝克提出的认知结构以及自我基模。“认知结构”与“自我基模”是个体的认知基模在两种不同情况下的定义，且交互影响。但在这里，大家需要区分的两个词是“自动化思考”和“自动化想法”。

贝克提出的“自动化思考”是对一个过程的统称。但“自动化想法”则是贝克对于众多认知事件中与某一负面情绪感受关联的某一自动出现的想法。贝克归纳这些“自动化想法”的内容之后，发现这些与负面情绪感受相关联的“自动化想法”主要集中作用于个体对自我的评价、他人对自己的评价、个体对未来的预判这三个范畴。贝克将此范畴命名为“认知三角”。

回到“认知事件”。在这里，我们可以将认知事件理解为构成个体产生思考与心象的前提即最小信息单元，此元件尽管充塞于脑海各处，却不直接负责个体思考与心象的运作过程。

我们已经了解整个自动化思考的过程包括贝克三个基本理念中的认知事件以及认知历程，这就意味着它们几乎都发生在可被我们通过探索而提取有效信息的“前意识”层面。讲到探索，不只是认知行为治疗本身会推崇以“苏格拉底式问话”的方式对来访者的认知进行探索，就目前来看“苏格拉底式问话”无疑已经成为主流心理咨询谈话方式的基模。当我们对事物或问题进行思考以及觉知到某个心象且得到某种情绪感受时，此情绪感受之前提正是认知历程这一思考或认知系统的自动化信息处理运作过程，对众多认知事件运作后产生的结果通过认知历程得到的结论或是导致负面情绪感受的原因。

首先，因为这一历程关乎于情绪感受，所以我们称其为“自动化想法”。其次，因为是负面的情绪感受，所以这个“自动化想法”属于认知三角之范畴。

当然，事实上在我们进行思考或觉知自己的心象时，也根本无暇顾及这些自动且迅速的认知事件的存在。

既然我们已经知道由“认知事件”组成的思考或心象在经历过认知历程之后得出的与情绪感受甚至是导致行动的有关的部分被称为“自动化想法”，那么我们可以将其理解为一种模糊的、不完整的且不请自来的想法。因此，通常情况下个体很难对其进行制止，并且无论这些“自动化想法”多么地不合逻辑，个体也都无法细辨，更为准确地说，个体总会毫无保留地接受它们。

四、整合取向心理治疗视角下的认知理论

如果朋友们感觉我讲的还是笼统了些，没关系，让我们复习一下。

还记得由这些信息构成的我们的思考和心象是如何开始运作的吗？正如我在前文中提到的，这一运作过程就是个体的认知历程，即我们的思维是如何自动处理我们搜集或需要运用的信息。认知历程指的是个体在进行思考时所使用的思维方式的自动化信息处理运作过程。整体而言，我们可以将认知历程理解为个体的整个认知系统的自动化信息处理运作过程。

这个过程中，造成个体产生负向情绪感受的自动化想法主要集中于个体的认知三角范畴内。而认知历程中，所谓的信息

处理，则是指个体会自动对信息进行搜寻与储存，当然我们也可以直接将认知历程理解为个体对信息的自动化搜寻、储存机制，同时，认知历程也是个体对信息推论与提取的过程。关于这些处理的具体过程我们后面再作了解。

回到“认知事件”这个小元件上，我们还需要补充两点：其一，认知事件构成了我们意识层面的思考与心象通过运作，也就是认知历程，造成了我们的情绪、感受及行为；其二，也正是我需要在这里强调的是，关于贝克理论的解释还有很多，之间的关系思辨起来也十分有趣。但这些认知运作机制本身是否存在理论上的纰漏或进化论上的不足，我们暂不探讨。但就“认知事件”这一概念而言，我希望朋友们能以一名心理咨询师的立场，将目光聚焦于个体的自动化想法也就是与个体负向情绪感受相关的认知三角部分。

之所以给各位这样的忠告，首先是因为一名心理咨询师在工作中大部分时间事实上都是在跟愤怒、害怕、沮丧（或悲伤）这些情绪打交道，或者这样说，我建议大家将这三种情绪看作心理治疗之中的三位一体。要知道愤怒、害怕和沮丧这三种情绪对来访者而言定是形成其问题的重要因素。同时这些情绪也一定是来访者试图避开的，毕竟一个个体会启用心理防御机制，无非是为了保护自己，以免受到那些令人害怕的情境的侵扰。

我在这里多说一句，心理咨询师的主要工作正是去陪伴来访者熬过那些令他们感到害怕的现实情境，以及经历种种由这些现实情境带来的痛苦情绪。所以，对于一些仍旧期待能在职业生涯中经历快乐和喜悦的朋友们，或许心理咨询这样一份工作会让你的期待落空。

简而言之，心理咨询本身即是和处理愤怒、害怕以及沮丧有关的专业。“认知三角”这一概念本身，并不是说我们需要去关注个体的自我评价、他人评价以及个体对未来预判之中的负向部分，而是说贝克提出的认知三角这一概念本身指的就是个体自动化引发的负向且自我否认的想法。同时，我们也需要了解这种想法在造成个体的信念与感受之中扮演着重要的角色，或者说个体的信念与感受时刻也都会被这些属于认知三角范畴的“认知事件”影响。

当然，就“找到信念”这一步骤，从搜集信息这一工作本身来看，我们确实需要通过对来访者的认知三角进行探索，以获取更多造成负向情绪感受且运作于来访者的“认知历程”中的信息。但同时，就整体观而言，我们也需要反过来客观地意识到，个体的信念与感受也正交互影响甚至扭曲或改变着个体认知三角范畴内与之相关的“自动化想法”。

讲到这里，我觉得朋友们需要明确一个观念，拿我们目前讲到的“自动化想法”来说，如果你阅读过认知行为治疗方面的书，那么不难发现，在更多的情况下认知行为治疗师会将个体的自动化想法定义为失功能想法。的确，认知行为治疗的理论认为，失功能想法会影响个体的情绪感受及行为，同时在所有的心理障碍中也是相当普遍且常见的现象。但在这里我们需要注意的是，认知行为治疗会将自动化想法定义为失功能想法，正如它将心理问题定义为心理障碍一样，这一切都建立在认知行为的治疗取向上。也就是说，就客观角度而言自动化想法是被承认的，但假设我们并非以认知行为取向的治疗为目的对来访者展开工作，那么这时，我们需要探索和了解的便是来访者的自动化想法，而不是被定义后的以治疗为目的失功能想法。是的，这样的定义即便是听上去都感觉像是给自动化想法贴上了某些标签。当然，这样的情况可不止局限在某个学派内，例如众所周知的人格障碍，障碍本身也是对人格的一种评价，至于是站在何种立场上对人格进行这样的定义，这样的定义是否会阻碍人们客观且整体地认识这些被定义后的人格，以及这些人格在满足某些社会需求的情况下是否会被当作功能来看待，我们也就不在这里做过多探讨。如同我在前文中提到的应激干预的例子，先入为主无疑是心理咨询工作顺利开展的绊脚石。

回到贝克的理论来，前文中我讲到的"自动化想法"的过程中既包括"认知事件"及"认知历程"，又关联着贝克所提出的"认知结构"及"自我基模"，且与之交互影响。那么就贝克的基本理念而言，认知结构究竟占据了怎样的地位呢？

如果说贝克的认知行为治疗存在着一个对治疗最终结果的假设，那就是尽可能地修正个体认知基模里隐藏的失功能部分，而认知结构以及自我基模的运作功能则是整个个体已知认知基模之中对个体造成心理障碍最为关键的部分，且就整体观而言，我们亦可将这些造成"心理障碍"的信息理解为最终形成个体遇到的问题人际关系模式的核心信息。但在搜集的过程中，暂不强调之后的使用方法，因为与来访者建立关系才是心理咨询工作的第一要务，并贯穿始终。这些所谓有效或至关重要的信息的使用方式需要依咨访双方建立的关系而酌情运用，而这也是制定或调整"治疗策略"时需要衡鉴的标准。如果说你已经能够理解前文中我讲到的"自动化想法""认知历程"与"认知事件”之间的大致关系，那么我相信接下来涉及的贝克认知结构理念大家理解起来也就不那么困难了。

五、带上充分的理解对待概念

在准确地定义“认知结构”这个词之前，我需要明确一个概念，以避免大家对认知结构的学习产生误区。因为当我们在了解贝克认知结构这一概念时，不可避免地涉及另一个被称为自我基模的概念，那么接下来就让我们具体地来了解一下它们。

我在前文中提到过，认知结构和自我基模指的是个体的认知基模在两种不同情况下的定义。认知基模，通常意义上我们可以将其视作个体认知行为的基本模式。但为了对其进行更为具体的阐释，我在这里补充说明，在这里，我把它称为“在某种情况下”，以便大家在学习时能够更好地定义遇到的种种概念。

各位试想一下，我们怎样做才能将一个原本抽象的假设从一个整体的抽象环境中具体出来，并形成一个能够被人们理解的概念。拿“自动化想法”这个概念来说，如果你细心一点的话不难发现，“自动化想法”并不是单纯地将“自动化”与“想法”两个词的字面意思拼凑在一起，也不是说因为存在于“认知事件”发生的位置，我们就可以将认知事件解释成自动化想法。我们在理解一个概念时，将其理解成“在某种情况下发生了所做出的解释”或“某种情况发生时所构成的现象的名称”。因此，尽管我们知道认知事件与自动化想法几乎发生于个体认知行为系统运作时的同一个位置，但不表示我们可以随意地将两个词交替使用，因为就客观事实而言，二者所表明的意图各不相同，且二者阐明的构成要素也均不相同，例如“认知事件”，客观上用以描述形成个体思考与心象的一个小单元，它的特点是充塞于个体脑海的各处，且不被个体在意。

在此，我们讨论另外一个概念，也就是当认知事件发生在“认知行为系统运作的情况下”时，我们该如何理解它。

这个时候，“运作”这个词，可被我们视为一个抽象的或者说不够具体的动词。简单来说，运作是对很多元素在彼此关联的情况下相互影响且发生因果关系的客观描述，所以“认知事件”在“认知行为系统运作的情况下”并不存在直接的解释，而是要具体关联到运作中的某个部分，并结合该部分中的其他元素，对此种情况下的“认知事件”进行描述以及定义。因此，就“自动化想法”而言，我们可以具体到认知行为系统的运作中当认知事件（因）造成个体出现负面的情绪感受（果）时，我们称这个因果关系为“认知行为系统运作”之中的一个现象，如此我们才能够定义自动化想法的特点，即自动、迅速。通常情况下它会不请自来，它是模糊且不完整的，因此难以被个体终止，且无论它是多么不合逻辑，个体都无法细辨，甚至会毫无保留地接受它。

那么换句话说，如果认知事件不在这个与造成负面情绪感受关联的描述里，我们就不能称其为自动化想法，因此自动化想法的这些特点也就不能被生硬地理解为认知事件的特点。

所以，我希望各位能够建立“在此种情况下来定义”的观念来看待并理解你所遇到的知识。

如果要对这个观念做一些补充的话，首先，我会区分书本中对这个概念下的定义究竟是在客观描述一个从运作系统中截取出来的独立现象，还是运作系统之中某部分运作造成的现象，也就是说每一个概念的产生都建立在这个前提条件下。其次，我也会明确这一点，以避免学习时产生理解上的误区：事实上书本上的很多概念都是在解释一个现象，而不是在解释一个独立的事物。因此，当我们通过前提条件判断出这个概念指的是一个现象时，我们可以将这个概念理解为：在此种与其他要素发生关联而产生的现象下对这一现象本身进行定义，哪怕这一现象会与某一独立的概念发生在系统内的同一位置上。就如同上述例子中“自动化想法”这一现象。所以，我们在学习概念的同时需要明确为什么两个现象看似发生在同一位置上，却会被解释出多种的内涵，甚至名字也都变得不一样。

六、心理咨询师的态度

我在本书中最为强调的一点就是“位置”，每一个概念，正因为发生在自己所属的位置上，我们才会以它应有的样貌对它进行界定，并明确它的特点及属性。作为心理咨询师的我们在学习的过程之中亦不例外。除非你身处于学院并致力于学术训练，需要着重弄清楚每一个知识产生的背景及其传达的原本意思为何。你在学习知识的过程之中，大可以自由地从书本与培训中摄取你所需要的营养，以完备自己的专业体系，并于实践以及往后的学习中进行调整、修正。我在本书中所强调的系统、专业并非学院的界定，虽然学院中的学术训练系统本身完全客观地包含了成为一名合格心理咨询师的必要条件，但仅就目前国内大学院校的专业设置来看，心理咨询专业并没有得到良好的发展。我希望朋友们建立的系统、专业具体包括：自己“对理论知识应建立起的态度”“对心理咨询实务工作本身应建立起的态度”“对咨询师个人特质培养应有的态度”。

确实，以上的每一种态度听起来似乎都存在着一个应有的标准，我并没有重点指出其中的理解、技术运用以及个人成长等功能，而是将态度这个词摆在了首位。

试想一下，无论你是心理咨询师还是来访者，无论你所从事的行业为何，无论你的家庭环境是好是坏，我们都无法否认人类作为群居动物会相互影响的客观现实。而在相互影响的基本要素之中，态度无疑是最为核心的组成部分。

而且我也于本书中一再地强调谈话治疗是两个人的互动行为，双方哪怕是默不作声，必定都会被对方影响。例如冷暴力，同样是以态度本身作为表达与相互影响的媒介。既然我如此强调态度的重要性，那么究竟何为“态度”？就我们所谈到贝克关于认知行为的基本理念来说，如果说认知行为的运作系统看起来就像是一条往复循环的衔尾蛇（ouroboros），那么当系统运作时，个体的“认知结构”影响“认知事件”，再由“认知事件”影响个体之行为。被认知部分影响并造成的个体之行为则会与环境反应，再由此环境反应之结果影响“认知结构”部分。也就是说个体的认知行为运作系统中，哪怕是贝克等人提出的理论皆不违背将个体认知、情绪感受及行为倾向此三个维度作为一个能够交互影响的整体来看待，我们可以将个体对这个整体综合运作后产生的结果的外显部分称为“态度”。

因此当我们来定义“态度”这个词的时候，并不是定义我们通常意义上说的道德态度，而是视之为建立于个体对外界的某一特定（个体在意的）对象。从认知到行为的综合运作过程产生的持续、稳定且有倾向性的外显特征，包括以各种形式的行为作为传播途径，以造成或被觉知的影响。其特点是与外界环境交互形成客观上的影响作用。故此，态度导致我们不可以将谈话治疗粗浅地定义为聊天或口语的治疗。

第六章　盲点
——对技术与诊断的反思

现在我们试着将“态度”与本书中我最为强调的“位置”这个词结合来看，不难发现，“位置”即构成个体态度的一个先决要素。什么是“位置”？其并非指“自我之定位”（自我之定位是自我暗示，含要求的成分），而是指“自我之认同”。

我们在介绍西方心理学史的时候讲到过，当我们学习心理咨询知识的时候会发现，要想了解一个学派，必先了解它的哲学取向。不仅如此，即便是从整个心理学专业的发展历程来看，古代心理学之萌芽与发展也存在于哲学思想体系之中。因而在很长一段时间，我也一直在思索现代哲学与心理学之间究竟存在着怎样的关联，而其中又有哪些是被心理咨询师借鉴的。

一、我认为的“反智主义”

就教育体制或学科划分的立场来说，心理学始于 1879 年。冯特建立了世界上第一个心理学实验室，使心理学以自然科学研究之面貌从哲学体系之中剥离出来。但如果结合前面我们所了解的心理学发展历程，并从一名咨询师的立场来看，从古代完形心理学到近代的心理学思想再到布伦塔诺的意动心理学派，以及后来对现象学本身和在现象学之氛围中建立起的格式塔心理学思想的影响，对存在主义以及人本主义甚至是对日内瓦学派的影响，从某种意义上说，哲学足以使冯特的实验室成为一个划时代的标志性符号而存在。因此，我们不能将心理学理解为一门诞生于实验室里的学科，更不能因此而否认其发展历程之中西方哲学思想所扮演的母亲的角色。

有人说哲学是空气一般的存在，因而当今天我们得知很多大学院校开始关闭哲学专业的时候，难免有一种窒息感。也有人把这种对哲学、对思想的不重视归咎于“反智时代”，不过转念一想，“反智”本身也只是一种现象罢了，不能将其美化成一个主义，毕竟主义是浓缩的思想，而反智则与其背道而驰。

这听起来就像是悖论，但我们也说思想、主义是需要向往的第三者通过经历某种过程来学习与实践的，而反智则更像是一种不需要习得就能够自然呈现的现象，因此与其说是反智主义倒不如说这个现象所体现的是反智本能。且不论成因，至少这样的习惯就接近于当我们听到说要吃饭的时候，会本能地相信吃饭这件事情包含的不仅有饭也有菜。所以一个本能的现象更像是人们的信念，而不是主义。

当所谓反智的这种本能现象达到一定程度并造成严重后果的时候，我们只能说反智是一种坏习惯。因为它不具备“主义”本身所蕴含的对思想高度概括的系统性，且不能够放在意识层面进行思考与学习。

谁能意识到自己是反智的，谁又能准确地定义反智？将反智当成一个主义来研究就可以了，从而让这一现象形成系统并能放在读者的意识层面进行学习。而读者当中一旦有人没有遵照作者所提倡的去改掉反智这个坏毛病，反而愈发地感到自我认同，甚至通过对反智主义的学习、实践而产生自我的“优越感”或者存在价值，那么这个时候，我们就可以说这一部分人通过阅读批判“反智主义”的书获得了“自我确信”与“自我认同”，这部分人本能地就具备类似的行为倾向。所以当这种“本能”“确信”与“自我认同”结合起来，且使人感到自身的“存在价值”时，你就会产生这样的感觉：一个逆反的孩子昂着头不屑地对你说“唉，就害怕你们这些有文化的”。

当这样的情况出现时，请问这些批判“反智主义”的书对于这一现象究竟是起到了遏制作用，还是起到了推广作用？

二、更为重要的内容是什么

朋友们，不知道你是否看懂了上述的这段文字，我最担心的事情莫过于上述的辩证会令你陷入沉思，因为这深切关系到你是否充分地享受到了这本小册子带给你的乐趣。

是的，你没有看错，我并不是在跟你探讨什么“反智主义”，甚至我自己都没有完整地读过任何一本关于“反智主义”的书，因此，我们需要做的不是在网络上搜索什么是“反智主义”或“反智时代”，更不是反复理解我所思辨的内容。正如我在本书开篇所声明的，这是一本为各位建立心理咨询基本观的小册子，希望朋友们在阅读时能够秉持整体观，避免断章取义的现象出现。所以，在本书的论述内容中，我并没有轻易地直接给出很多假设的例子的答案。

考一考各位，大家是否还记得心理咨询晤谈过程中，心理咨询师应当关注的比来访者所叙述的内容更为重要的是什么？

讲到这里，我不免想起一句对心理咨询师的忠告：虽然我们无法成为一个完美的人，但我们可以成为一个温暖的人。

当然，我也听过另一句对心理咨询师的忠告：可悲的是，有些人总是抓着一句话不放。

果不其然，渐渐地我了解到，事实上在更多的情况下，人们并没有分清什么是完美、什么是完整、什么是温暖。但至少我相信，“能够予人温暖”远比“这个人看起来很温暖”重要得多。因此，放在今天，我更愿意将这句对心理咨询师的忠告改成“在咨询过程中做一个能够属于并珍惜的自己”。

正如我在前文中提到的那样，心理咨询师所参与的是探索的过程，既不剥夺来访者澄清真相的能力，也不剥夺来访者最终为自己做出决定的权利。专注于过程本身，或许才能寻找到结果的意义。没错，这听起来就像是古希腊人所秉持的“求真”精神，真实的“真”。这就好比要求每一个已经能够按照罗杰斯所提出的那样做到真诚的朋友再度“成长”，因为在真实面前，一味地真诚反倒容易在某些情况下变成一种逃避或不去理会真相的正当理由。当然，这种情况往往出现在心理咨询师身上。

事实上，我们在咨询工作中用以判断是否与来访者建立起同盟关系的标准往往是对方是否足够真诚，而不是对方是否有意愿面对真实。因此，在这种对“真实”与“真诚”区分不足的情况下，我们似乎也没有足够的证据证明来访者没有达到谈话治疗意义上关系建立的标准。也正是在这样的情况下，我们往往会误认为对方已经足够真诚了，也就是认为对方与我们已经建立起了良好的同盟合作关系。这也就意味着，当来访者因为没有勇气而无法面对，或因为恐惧及其他情绪而本能地（来访者确实不是故意的）绕过一些话题或隐藏一些信息的时候，心理咨询师仍旧会因为默认来访者态度是真诚的，而盲目地选择信任对方提供的信息。这种老好人的行径在通常情况下不会得到来访者的赞许，因为没有能力解决问题或没有能力面对真相并不意味着来访者不希望自己能够面对。因为早在与咨询师建立起关系之前，解决问题就已是来访者所默许的目的。

当我们了解到这一点之后再来看就会明白，为什么面质或挑战这些看似与信任相违背的行为会存在于咨询之中。

由此，我们也就不会因为盲目的信任，与来访者止步于亲密关系而无法继续后面的工作了。是的，即便你认为这个来访者的需求就只是找人聊上两句，我也深切地希望这是在你的正向态度的影响下，对方所做出的为自己负责的选择。通过这段小结，不知道朋友们是否已经明白在心理咨询晤谈过程中，心理咨询师应当关注的比来访者所叙述的内容更为重要的是什么。

三、正视自己从事的工作

前文提到，面质技术也好，挑战技术也罢，这些技术之所以能够合情合理地存在于咨询过程中，很大程度上是因为我们能够按照罗杰斯对心理治疗师提出的基本要求，并在这样持续的检视与真诚的陪伴下对其问题当中与自身有关的部分进行探索、梳理以及澄清（当然，无论是工作重心抑或是治疗的倾向，每个流派根据每个不同的个体的实际情况，用以达成这些工作的方式方法或者说是治疗技术及治疗策略都不同)，使来访者能够以新的视角，以及在咨询师的正向影响下所获得的面对问题的能力，做出愿意承担责任并符合自身意愿的新选择。

于此过程之中，心理咨询师运用到的知识，除了本土文化价值观、个人生活经验、咨询实务工作经验之外，还有一些人文学科、自然科学、艺术等其他相关领域的常识或知识。但使心理咨询实务工作能够有效开展的核心知识，在很大程度上属于造成人情世故或人际关系发生问题的“原理”，以及如何根据这些原理有效解决个体遇到的人际关系中的亲密感及权利问题的相关知识。

因此，当需要提升自己作为一名心理咨询师的自我认同时，我们首先要做的也是检视一下我们自己在实务工作中用到的资源包括哪些面向。例如，当一名来访者进入一段有效能的咨询历程之中时，他会慢慢地卸下自己的防御机制，并将所有的注意力集中在自己以及自己所要面对的问题上。在此过程之中，来访者关心的是问题的内容，而不会将注意力过多地放在这个基于同盟关系而构建的安全场域内的其他事物上、心理咨询师上，甚至是咨询师所使用的技术包括那些看似在日常对话中无法使用的面质或挑战等技术上。

因此我们可以说，来访者在此过程之中运用到的资源大都局限于内容，主要包括人际关系或人情世故等涵盖的面向。例如一些情绪感受，或是一些对特定事物处遇办法。因此，对于坐在一旁的心理咨询师而言，来访者的一切行为都发生在此时此地，但其本身却又沉浸或专注于内容（过去）之中。

然而，假使坐在另一张小板凳上的咨询师也仅仅是陪伴着来访者沉浸或专注于事件的内容之中并开展工作，那么我想这两个沉浸于过往的人，无论谁找到了解决问题的方法，都只是在比拼谁处遇问题的能力更强，谁的智商更高罢了。因此这样的咨询不但无效，而且教育或讲道理的成分过大，甚至可以说，这意味着来访者在看到新的选择的同时，自己的选择权也被咨询师剥夺，从而更深刻地感到挫败——道理都懂，却都没有能力做到。

因此，就心理咨询师所要用到的资源的属性来看，不可否认其心理咨询工作存在着上帝视角。心理咨询师在个人成长或日常生活中要避免这个属性带来的不良习惯，例如用一种居高临下的态度对待周围的人。所以，在最好的状态下，心理咨询其实是以一种“半抽离”（不要完全沉湎于故事内容）、“半专注”（收集有效信息，并对来访者的情绪感受大致了解就好）的态度，做到对来访者及其所叙述内容的整体专注。

这的确不太好理解，因为这密切关系心理咨询师在咨询过程中使用到的资源有哪些。如果说本土文化价值观、个人生活经验以及一些人文学科、自然科学、艺术等面向积累的资源能够得到运用，那么它们主要体现在对来访者叙述之内容的探讨层面。咨询师要以“半专注”的态度来对待这些内容，因为就心理咨询专业知识本身而言，咨询师要从来访者所描述的内容中收集信息，结合专业知识加以分析（筛滤），以整理出来访者独一无二的思维模式（认知）、情绪脉络（情绪感受）以及来访者于问题情境之中的处遇模式（行为）。

一个巴掌拍不响。来访者自身与他所遇到的问题存在着密切的关联，不被影响，不去在意，也就不会痛苦。因此，如果我们将来访者所遭遇的问题视为一个恶性的循环，那么来访者的处遇模式（反应习惯）也同样是一个恶性的循环。

从认知到情绪感受，再到行为，无疑是对此循环（模式）被称为恶性循环的最好诠释。咨询工作在某种程度上，也正是为了阻止来访者在问题模式中继续其所扮演的角色，进而阻止或打破恶性循环的问题模式。也就是说，来访者一旦停止与旧有问题模式的习惯性反应或互动，旧有问题模式就不再是一个完整的恶性循环；而循环被破坏、卡住，则意味着问题得到了改善。但这并不表示新的、良好的循环已得到建立。对于来访者而言，这相当于他具备不再受这个问题模式的影响而形成负向情绪感受的能力。想要达成这一目标，咨询师就必须建立起自己的筛滤机制，以确保自己能够收集到有效信息，并能结合自身的专业知识，还原使来访者问题模式恶性循环的反应模式，包括来访者的思维模式、情绪脉络以及最终造成来访者对于这个问题的处遇模式。当然，所谓的“半抽离”也意味着，最终咨询师还是要透过问题内容本身，让来访者渐渐地意识到自己造成问题的模式所在。

由此不难看出，对于心理咨询工作的有效开展而言，沉浸于故事内容之中，绝对不是工作的重心。我们说心理咨询师的思考方式或心理咨询师的头脑，必定是以专注于此时此地的个体之思维模式为首要。而这也是我撰写本书之目的所在，正如我在本书中无数次提到的，心理咨询工作之中心理咨询师所需要完成的任何一项任务都需要在后续的咨询历程中持续检视或衡鉴。

持续地检视同盟关系、筛滤有效信息；持续地以真实、温暖、不评判的态度对待来访者，专注聆听、同理来访者；持续保持一个咨询师应有的素养。正如我在前文所说的，无论就心理咨询师本身抑或是就心理咨询工作而言，这两个名称的存在，都取决于晤谈的互动过程中，双方发展出来的现象之要素。但更为重要的也正如我在前文所讲到的，就心理咨询实务工作本身而言，当心理咨询工作尚未开展时，心理咨询师只能算是一个职业称谓，而进入工作中后，心理咨询师才有可能在与场域、关系以及稳定的状态的联结中实现（功能性）。

的确，就这样将心理咨询师定义为一个发展过程中的现象，听起来着实有些绝对，就好像在说一个外科医生放下手术刀或脱下白大褂离开医院之后就不能帮人看病，但要知道心理咨询师与其他职业最大的区别也就在这里。因此对于刚刚涉足心理咨询实务工作的朋友，在给他们忠告时，我常会将心理咨询师的界限议题以及助人伦理方面的议题摆在一个非常重要的位置。因此我也会告诉学生，心理咨询工作有时候做得不那么好也没有关系，但最低标准是你没有破坏心理咨询师应有的界限和伦理关系。希望本书能够启发各位进行独立思考，并能以正确的价值观对待心理咨询工作。

本人有义务提醒各位，我们从事的是一项与人际关系密切关联的职业，即使我们在通常情况下会认为人性经不起测试，也需要在一个以安全的场域、同盟的关系及其他要素共同构建的能够被称为心理咨询室的地方来探索真实。

四、伦理和界限

当一名心理咨询师不在咨询室，或者说不在咨询工作之中时，对于界限及伦理的理解及运用就显得尤为重要，毕竟各式各样的关系在生活之中无处不在。

同时我们也需要朋友们试着从“伦理”和“界限”的角度来审视心理咨询师个人成长这个议题的意涵。

在探讨这一议题之前，让我们先对到目前为止所了解到的知识进行一番梳理，以使朋友们能够将自己平日里积累的专业知识更为笃定地整合进自己对心理咨询逐步形成的价值观之中，从而表达出自己对此的态度。我相信这无论是对个人咨询风格的发展，抑或是对于自我认同的确立和加强，以及完善个人之立场，都会起到一定的作用。

如同我在前文中讲到的，我可以允许一名心理咨询师在工作中存在着能力上的不足，但这并不意味着我允许一名心理咨询师违背心理咨询工作的几个最为基本的构成要素。这就好比心理医生不能随意给有抑郁倾向的人开抗抑郁的药物一样。患者情绪在症状或特征上与抑郁症有一定的共性，甚至这些特征的表现程度相当，但也并不意味着两者之间就一定发生了相同的质变（即颅内物质分泌失衡或脑器官病变等质变）。

事实上，在实务工作中我们经常会遇到很多被心理医生误诊为抑郁症的患者，通常情况下我们无法通过所谓的抑郁测验确定其是否存在着质的变化。或者更为确切地说，我们使用的诊断标准目前还不能告诉我们，一名有抑郁倾向尤其是抑郁倾向不太严重的来访者，其所具备的特征究竟是暂时的，还是一定会发生质变。

就个人经验而言，我建议各位试着在晤谈中寻找来访者的愤怒情绪。虽然就现象上来说，抑郁症患者确实没有什么愤怒情绪，但我们不能武断地认为没有或无法被刺激出愤怒情绪的就一定是抑郁症患者。就心理咨询师的立场而言，能够寻找到来访者的愤怒，就表明对方有着能够被活络（有反应）的情绪，愤怒本身也是与抑郁特征最为相悖的一种情绪，而这在很大程度上意味着咨询师有机会与其建立起咨访关系，那么谈话治疗自然也就有机会取代药物治疗。

我们可以看出，就咨询师的立场而言，在诊断依据尚不健全的情况下，不要试图通过收集与分析来访者过去的信息来合理化自己已先入为主的诊断，而要就心理咨询实务工作开展之必要条件是否构成来判断能不能开展工作，至于临床诊断，则是后话了。

在这里以抑郁症为例，一是实际情况使然，望引起各位的重视；二是通过这个例子我们不难发现，咨询工作的开展尽管可以包容咨询师存在一些能力上的欠缺，但哪怕是在依据不够充分的情况下，咨询师也不可以完全脱离基本规则行事，就像寻找愤怒这一行为本身一样，心理咨询师要做的并不是对来访者所表现的特征做出所谓的诊断，而是就此时此地心理咨询工作得以开展的基本要素是否充足来检视来访者。

因此，纵观本书我所介绍的内容，即从心理咨询的基本价值观来看，心理咨询主要包括心理咨询咨询哲学、心理咨询基本架构、心理咨询师个人特质以及助人伦理四个基本层面。其中咨询哲学包括不同学派用以实现治疗假设的哲学取向，心理咨询师所使用的建基于整体观之上的哲学思辨能力，对于“此时此地”“场域”及心理咨询师所应具备的“态度”及“自我认同”的理解，并关联在自己逐步形成的心理咨询基本架构之中加以运用。心理咨询师通常咨询哲学此基本架构之中则包括从“找到信念”“解除防卫”到“澄清模式”再到“找到真相”及“重新开始”五个步骤。加之心理咨询师专业知识的积累，思辨能力的提高，实务工作后的经验总结及持续的督导不断完善实务工作。

并且，我们自己在生活中的成长，以及作为个案的被咨询历程，这些持续行为的结果彼此交互作用着，使得心理咨询师根据来访者的实际情况，灵活运用心理咨询基本架构内的这些步骤。然而在此三个面向（咨询哲学、基本架构以及心理咨询师个人特质）的交互影响下是否就一定能发展出一个良好的心理咨询历程呢？这除了取决于心理咨询师个人具备的专业能力之外，其实还取决于一项我们很少提及的训练，即根据我们本身的心智化功能对与自身关系这个议题所做的理解，持续进行的探索、辩证、反思、总结及应用。

所谓“心智化功能”，就是一种使得个体对外界社会环境（包括人际关系在内）发生独特感知的能力。心智化功能的影响，可以成就我们去了解其他的人，去分辨其他人的心理状态（包括别人的看法、希望及意愿），去解释其他人的行为意涵（即解释他为什么会这么做）等。在这种独特的心智化功能的驱动下，我们所积累或收获的经验，也在逐步地完善着我们对于各式各样的人际关系的理解以及在不同情境中的处遇方式。

但只有在极少数碰壁的情况下我们才会回来检视自己的人际关系处遇模式，因为我们在多数情况下，并不会意识到自己的社交模式本身存在着一个较为固定的倾向。的确，这听起来就像是在描述通常情况下来访者和他们所遇到的问题之间的关系。

但要纠正的是，来访者之所以会在无意识的情况下参与问题事件，显然不是因为他们是来访者，而是“一个巴掌拍不响”，他们的行为倾向或在问题事件中的反应习惯，才是构成问题存在的核心部分。因此，任何的行为倾向或在特定事件中固着的反应方式，都能使得人们参与问题事件却不自知，并自然地专注于事件或情景造成的痛苦的情绪感受，之后当痛苦的情绪感受达到某种程度，以至于需要寻找心理咨询师来进行协助的时候，来访者才得以存在。

当然，通过对心理咨询专业的学习，我们亦可以从贝克的认知行为基本理念中了解到，每一个人都具备自身所固着的社交情境处遇方式。这些方式在我们常年的受教育、学习及验证之后，成为习惯（或倾向），并储存在我们的认知事件之中，成为系统运作时自动化思考所遵守的规则。而后在我们认知行为系统的运作过程之中，不断通过我们的行为，将这些规则付诸外界，再根据外界环境所反应的结果来证实这些规则的可行性，并巩固、加深于我们的信念之中，进而影响自动化思考。因此通俗一点来说，对于心理咨询师而言，当一个人总是把事情搞砸的时候，从某种意义上来说，我们完全有理由相信这正是他自身做出的选择。而这个糟糕的模式（总是把事情搞砸）也正是我们要协助来访者看到的。但要知道，这并不是说所有的模式或倾向都是糟糕的。而是说，就心理咨询这样的工作的性质来讲，我们不一定要对自己的人际关系的理解或处遇办法做出什么硬性的调整，但这也不意味着我们不需要检视自己的模式还是会对咨询工作的开展产生哪些影响。而且我有理由相信这些检视的结果的真实性，正是我们成长中需要针对的重要议题。这就好比，当你翻开一本有关案例探讨的书时，会发现每一个案例的开头都会提供很多与接下来将要分析的内容息息相关的信息，但在通常情况下我们几乎不会质疑这些信息的有效性，甚至我们还会将这些已知的信息默认为分析案例的重点。

这不免让我想起社会心理学家罗伯特·麦考恩（Robert MacCoun）提出的自利性偏差。简单点说，就是将利己的或者对自己有益的、自认为正确的东西视为证据收集时所围绕的核心对象。问题在于，人们在自利性偏差之中往往不会意识到自己是自利的。也就是说，我们已经不自觉地将用以分析案例的信息视为绝对正确的信息作为分析案例的目的以及专业知识的使用，也不是用在来访者的实际情况上以探索新的信息或修正原有的信息，而是完全地利用来访者提供的信息中有用的部分来支持这个“利己的假设”。更何况，我们并不是收集到这些信息的人，因此我们不仅不知道这些信息是怎么得到的，而且莫名其妙地站在了别人（著书人）自利性偏差的位置上，因此我从来不建议学生们去读那些所谓的能够分析案例的书籍。

其实心理咨询学习过程中类似的误导还有很多，例如心理咨询实务工作的演示或示范就存在着很大程度上的不真实（就是你在课堂上时不时就能看到的所谓的专家示范），其中一项最令人遗憾的副作用是人们会对长期心理咨询关系产生错误的印象。学生们期待从观察专家心理咨询实务工作演练的情境中受益，但这类示范通常总会是一次非常成功的治疗过程（否则专家们总会找各种托词逃避学生们的质疑），而且情节可能会比较戏剧化，的确，越是戏剧化大家看得越高兴，但这也在无形之中让学生们对心理咨询实务工作产生了很多不必要的误解。

当然，我们又不得不承认所有这些问题正是由于示范本身的类似于成品的本质所致。不过，对于这样的误导，相较于去阅读一本分析案例的书所付出的代价（养成不良的思维习惯）而言，影响不是那么大，毕竟投入现实工作之后，我们会自行从自己经历的真实的心理咨询历程之中了解到事实是什么。

通过这个例子不难看出，咨询当中最大的隐患并不是我们做错了什么，而是在不被意识到的情况下，我们悄悄地做出了自以为正确的选择。但这并不是说我们可以通过对自身的反思去将这些隐患寻找出来，并对咨询方式加以调整。这不现实，毕竟它们潜藏于那些不能被我们意识到的部分，因此不能够通过自行的探索或反思寻找到它们。既然自己无法排除这些或许存在的隐患，那么是否可以寻求别人的协助呢？既然我们都不知道就什么东西而言我们自身的这些特质会成为隐患，那么我们又能探索些什么呢？我们又凭什么要说它在人际关系中一定会是错的呢？

五、个人成长的误区

只有当我们在咨询过程中切实地遇到阻碍时，这些特质才有可能被相应地界定为隐患，而这也是心理咨询师需要“持续督导”的原因。正如我所说的，当一些“阻碍”出现时，我们需要发现造成这些阻碍的成因是什么，其中或许还潜藏着一些更不明显的隐患需要被看到，而这个时候，扮演督导角色的人的专业能力就显得尤为重要了。

就目前常见的督导模式来看，其督导目标可大致分为：第一，对谈话治疗整体及其中所使用的治疗技巧予以回馈；第二，针对心理咨询实务工作情境中碰到的问题和疗法提供训练；第三，讨论因来访者的问题而触动的个人议题。

从以上三个目标之中我们不难看出，督导过程之中，无论双方期望达成这些目标中的哪一种，都势必会在此过程之中收集到被督导者与达成这些目标密切相关的有效信息。但同时我们也能够看到，除了第三个目标会将被督导者的个人议题当作督导重点进行探索外，其余两个目标则有可能只是给出一些修正这些隐患的建议。因此，心理咨询师的个人成长之中涉及的心理咨询历程的部分，必须通过专业的督导探索出其需要“被成长”的面向，但当我们得知这些需要调整的面向为何之后，我们仍然要以来访者的身份对其进行处理。

但朋友们不要忘记，来访者之所以需要心理咨询师的协助，很大程度上是因为他们有意愿让自己从目前的痛苦之中脱离出来。当然，这些意愿很大程度上是痛苦本身导致的。即便来访者通过督导了解了自身所需要调整的“隐患”面向为何，也不代表来访者就有意愿去处理它们。

所以我在这里要明确的一点就是，对于这些通过督导被探讨出的，会对心理咨询实务工作过程，包括过程之中的来访者、心理咨询师自己以及各自生活中的其他人，造成的不良影响隐患的处理工作，是心理咨询师必须承担的责任的一部分。的确，尽管我们不能在没有意愿的情况下强迫自己真正地放下防御机制，但并不否认自己造成隐患或支持隐患的真正理由。

因此，我们走进咨询室的目的不是治疗什么，而是利用心理咨询的环境和功能使个人得到成长，更为清晰地确认自己需要成长的方向具体为何。是的，成长重要的是过程，而不是治疗些什么。

也就是说，无论是督导还是个人成长，这两项工作都是需要咨询师去承担的一部分责任。

除了我们在这里提到的，完成这些工作，还能够使那些在工作中被澄清出的具体成长目标（即隐患，也就是我们个人特质中那些在生活中未必会错，却又会在咨询历程中造成不利影响的部分），成为我们提升自身专业素养及预防资源耗竭的着力重心。更重要的是，我们能够通过指引这些需要被成长的方向，清晰地知道所谓的个人成长具体是在做些什么。

单就这句话的核心来讲，就是“我知道我在做什么”。我在本书前面的内容中探讨的主题是建立心理咨询的基本价值观，或者说介绍心理咨询专业之中那些不可动摇的基本规则。在这里我们就要进入第二个主题，即发展心理咨询师的个人咨询风格。简单点说，自由与约束总是相对建立的，通过持续地学习，当我们清晰地了解到心理咨询工作的规则或者说那些不可逾越的边界之后再参与其中时，心里多少是有些底气的，至少我们能逐渐地意识到自己在一段咨询历程中“哪些做得不足”“哪些是我们擅长的”。自然地，也就不难判断这些擅长与不足对心理咨询师、来访者或者是心理咨询过程本身有何意义。

细心点的朋友不难看出，“意识到”之中亦存在着可控性，至于“意识到”之后会做出怎样的选择，则是控制（控制不等同于操控，操控的目的是满足一个人的利益；而控制则是指“以负责任的态度，将事物维护在客观事实上存在的安全边界内”）之后的事情了，至少我相信，有所选择（自主的）本身就是对可控最好的诠释。因此我们说心理咨询师参与咨询历程时，需要的是一个能够持续稳定的状态，以及有着一定程度自我认同的明确立场，而不是将过多的精力耗费在担心自己做不好咨询的想法上。或者我们可以从构建咨询历程的角度来看，心理咨询师将精力耗费在“担心自己做得不好”这件事情上（而不是就历程中的实际情况，适时检视自己），本身就是一种失控。

因此，作为可控的先决条件，即“能够意识到自己在做什么”或“知道自己正在做什么”，自然也被视为构成心理咨询历程的一项要素。事实却又不仅如此，这一要素也正如我在前文中讲的，它关联着心理咨询师对于心理咨询实务工作的控制能力，同时密切地关联着心理咨询师能够于历程之中发展出怎样的心理咨询师个人咨询风格。

这就好比，一名篮球运动员只有对篮球规则及技巧娴熟于心，方能在赛场上从容，或者说是自由自在地发展出自己的打法或风格，进而清晰地意识并判断出自己的行为对于比赛过程之影响或意义为何。对心理咨询师发展个人咨询风格而言也是同理，当心理咨询师能够明确“规则”并将其视作心理咨询基本价值体系的外围或边界部分，那么与之同时进行的另一项工作，即开始了解与这些规则产生交互影响的部分有哪些，而该影响又会造成怎样的后果。例如我们知道咨询历程中，来访者或许会对咨询师产生依赖。而伦理守则上也明确指出，当心理咨询历程即将结束时，心理咨询师务必要在解除咨访关系的过程中消除来访者的依赖性，这就是一个边界。

接下来需要了解，假如我们没有消除来访者对心理咨询师的依赖性，那么咨询效能的负面影响会体现在哪些方面，随之又会在来访者今后的生活中埋下什么隐患。以及就咨询历程中所探讨的核心议题（就来访者实际情况）来说，这个依赖性的存在又意味着什么。

假如，来访者需要面对及自我监控的核心议题的内容正是造成这种依赖性发生的被抛弃感，那么当咨询进入尾声时，来访者仍旧不能意识到自己有依赖行为，以及其背后的被抛弃感。这意味着心理咨询师需要重新检视核心议题中有哪些地方是被遗漏或需要重新探讨的，而不能在完全没有重新检视的情况下，立刻对来访者明确自己的界限。因为在心理咨询实务工作中，心理咨询师要持续地检视（觉察）并澄清自己所发现的现象，哪怕这个“现象”看起来有些“跑题”，或心理咨询师认为它不该存在于目前的阶段，即便到了预期中咨询历程该要结束的阶段，亦是如此。

本书的主旨在于澄清一些心理咨询专业中心理咨询师需要注意的重要面向，因此，我们不再过多地针对这些议题进行探讨。

六、构建你的哲学立场

在这里值得一提的是，所谓的“表达界限”在很大程度上可以理解为一种捍卫自身哲学立场的行为，其呈现方式不应是口头上的明示，而是类似于“人本主义治疗”中对尊重、真诚、温暖及不评判所诠释的那样，作为一种态度发生并传播于互动中，影响彼此。

简单来说，所谓的“界限”就类似于当态度中的这些构成要素遭到违背时，所自然做出的具有攻击性的行为。的确，我们可以说这种攻击性的行为之中含有对被侵犯、被威胁所导致的恐惧感的表达。尽管其目的在于捍卫这个安全界限不被破坏，但我们不得不正视的一个事实是，在生活中懂得及时表达自己愤怒的人，心理健康程度往往比习惯压抑愤怒情绪的人更好。尽管在很多人看来，敢于表达愤怒的人往往是被排斥的，甚至有很多人认为就东方人的文化素养要求而言，表达愤怒是张扬的行径，无疑是与内敛背道而驰的。但如果我们试着重新审视“表达愤怒”这一议题就会发现，东方文化之中的内敛并不是说不允许表达愤怒，而是对于表达愤怒这一行为设置了非常多的道德逻辑条件，且这些条件是绝不允许有太多个人需求之内容存在的。因此在这样的文化环境中“如何表达愤怒情绪”是需要心理咨询师结合个人智慧进行探索和实践的。这不仅因为在必要的情境下将愤怒情绪表达出来这一行为本就是一个人的正常需求，更重要的是，心理咨询师有义务对“如何既能表达，又不伤人”这一议题进行探索；也因为咨询历程之中，咨询师有义务以个人特质正向影响来访者学会“表达”——这是一种良好的赋权行为，毕竟就愤怒情绪本身而言，所谓管理，并不是像人们往常所认为的那样等同于忍气吞声。

压抑不代表愤怒就真的不存在了，通过观察不难发现善于压抑愤怒的人，往往在生活中的其他方面已经开始不自觉地以其他的形式对自己或是对愤怒的目标展开报复了，例如养成不良习惯，或是不自知地用一些语言及行为让他人受伤。因此，在咨询工作中，当一些楚楚可怜的来访者试图在我面前展现出一副受害者的形象时，我会反问一句：“所以呢？这么久以来你觉得真的能够起到小小报复作用的手段有哪些呢？”事实证明，大多数情况下，这样的问话总能有效地引起来访者的思索，来访者能找出一种以上的报复手段。正如这个问题中所引导的那样，来访者既然认为有某一种行为最能起到报复（对自己或对他人）作用，那么也就是说来访者也默认了其他报复行为的存在。而且在后面的咨询之中我们也会逐渐地澄清，来访者真正的报复行为可能未必是某一种显而易见的行为，更有可能在常年的练习后，已经成为其人际交往模式的一部分。

讲到这里，大家可能会发现我们平日里强调的沟通与表达其实比我们想象的更为重要，我们也知道真实的表达有时候会伤害到周围的人，但无论是哪种表达，只要是真诚的，就一定符合某些人的正常需求。因此，表达情绪本身没有错，但容易让周围的人受伤也是客观事实。所以说表达是一门艺术，心理咨询师需要先去探索、实践，再将此为人之基本权利赋予来访者，使其能够在做到这一点的同时，亦不破坏自己的人际关系。但更重要的是不表达需求依然存在，因为需求反而会以其他不必要的形式表达。因此，我总感慨自己的工作在某种意义上常常是在教一个人自私，教他一种反击的态度。例如当心理咨询师感到不被尊重时，所做出的自然回应。当然每一个咨询师的反应，既因捍卫这个哲学立场的方式及表达出的态度不同，也与咨询师的个人特质和个人素养有关。

但由此不难看出，只有当这些哲学立场根植在我们的每一个信念之中时，我们才能够本能地感受到界限的存在。无论是指引或修正咨询历程发展之方向，抑或是对于伦理与咨询效能出现的问题的预警，界限无不在这些功能的体现中扮演着重要的角色。

尽管我在本书中再三强调界限的建立，却也不难看出建立过程的工作量之大。毕竟我们难得会遇到一个有其自身特别完备的哲学立场的人。

第七章　阻碍
——有关技能发展的重要议题

事实上讲到这里，你会发现咨询当中存在着如此之多的条条框框，那么究竟还有多少空间能让心理咨询师发展自己的咨询风格呢？其实这个问题就类似于问一个律师，既然法定条款已经写得清清楚楚了，那么还有什么可辩驳的呢？我相信任何一名专业的律师都会告诉你，条款本身是不能篡改的，但就案例的实际情况和需要达成的实际目的而言，条款与条款之间的关系却是可以由律师们加以辩证并灵活使用的。但其中不变的是，如果不知道或不理解这些条款本身描述的是什么，那又谈何灵活使用呢？也就是说，融入自己的方式或风格，无疑是建立在了解这些条款（要素）之间的关系的基础上的。心理咨询更是如此，心理咨询师只有持续完善对概念间相互作用原理的理解，了解这些原理对咨询历程的影响，才能更好地在咨询历程中知道自己正在做什么，并知道自己的行为是否符合该原理，而不是专注于技术，照葫芦画瓢。也只有这样，个人咨询风格和心理咨询师应有的灵活性、弹性才有可能在咨询历程中呈现。

因此，我们再从这个角度去看那些有经验的心理咨询师进行实务工作时的表现，就能从那些不太循规蹈矩的做法中，看出其实际所遵循的原理。当然，对于实习心理咨询师，我最担心的并不是其今后能否发展出良好的个人咨询风格，而是担心其有没有机会发展出个人咨询风格。因为，零散且缺乏整合的个人成长，无疑会使得心理咨询师轻易地陷入资源枯竭的泥沼。而此整合之核心，正是我们不断探讨的、存在于咨询中的不变的东西。

一、对权威的盲从

我所期待的是，各位能够从其他同行的身上得到启发，但实际情况是，大部分实习心理咨询师都存在一定程度的“偶像崇拜”的倾向，甚至是盲目的崇拜。这很可怕，我们前面谈到过的心理咨询实务工作演示就是个很好的例子。为什么演示总能达到一种戏剧化的完美呈现，试问演示之中的咨访关系是由什么构建的？为什么来访者如此轻易地就卸下了自己的防御？

对权威的服从无疑是对这种无条件配合的最佳阐释。而其中最让人担忧的则是，服从权威的人，往往对于权威的行为缺乏自主判断力。就像小孩子都会认为老师的话是对的，但是小孩子未必会听家长的话，这就是在权威之下，孩子所做出的对权威的选择，也就是服从权威。有时候孩子还会用老师说过的话来反驳家长，这就是对权威的效仿。因此，我们很容易就会发现在这种缺乏自主判断力的情况下，学生往往会全盘照抄权威教授的知识，或者说是机械化地效仿权威。这也意味着他们对于所学的知识缺乏自主判断力，且不能将其理解并内化于自己个人的行为方式中。因此，这种对权威的盲从意味着对知识的态度不够客观，容易导致对知识的理解不够透彻，最终，断章取义也是在所难免。

进一步来讲，每一位传授知识的老师，也就是我在上文中所指的权威，他们都是独立的个体，在他们的知识体系中，无论是对知识的理解、看待知识的角度、强调的重点抑或是运用的方式，或多或少都掺杂着他们个人的主观意识。

因此，就发展个人咨询风格而言，如不对这些来自他人的“不客观”或带有他人主观经验的成分进行思辨，那么无疑会削弱我们自身应用与升华它的能力。那么该如何去做呢？简单来说就是，上课之前先预习、先思考，带上你自己的疑问去学习。

二、对来访者的评判——反移情的萌芽

的确，在咨询历程之中的某些情况下，我们也会看到一名有经验的心理咨询师不时地对自己的来访者进行评判，这种评判之所以不会对咨询历程起到破坏作用，是因为心理咨询师清晰地知道自己为什么要在这个时候对来访者进行评判，也就是我前面所讲到的——知道自己在做什么。

例如当知道自己此时此刻正在挑战来访者的时候，心理咨询师就会故意使用一些评判，借此活络来访者的情绪；也有心理咨询师会在某些特定的情境下对来访者自己营造出的感觉进行真诚的、评判性的反馈。如来访者时常会无意识地努力去做某些事，让心理咨询师知道自己是一个可怜的受害者，这种情况下心理咨询师就会在适当的时候给来访者反馈：“你看，正

如你所说的，当你们待在一起的时候，他总是这样对你，而你却只能忍气吞声，听你这样说，我不免觉得你真的很可怜。”

无论来访者是不是真的像心理咨询师所评判的那样可怜兮兮，但给予这样的回馈，往往能够满足来访者的即时需求，也就是她在那一时刻最为急迫的需求。因为就来访者而言，此刻最重要的是能得到心理咨询师的理解，而不是真的想要心理咨询师认为自己可怜。这样的需求只能潜藏于潜意识之中，以一系列表现出的行为代为诉说。

当这个即时需求被满足后，来访者或才感到被支持，且有更多的勇气及意愿进行和配合心理咨询师后续的工作。也有很多的心理咨询师，尤其在晤谈的初期，当他们了解到来访者的一些与众不同的或违常的行为后，便会将共同价值观下的他人对此行为的评判拿出来。也就是告知来访者一般情况下“其他人会怎么看待他”，并通过来访者对这些评判的反应方式及态度，了解来访者的真实想法。但这些出现于咨询历程之中的评判不同于我们所要探讨的评判。

资深的心理咨询师之所以能够运用评判且不给咨询历程带来负面影响，其主要原因在于心理咨询师知道自己在做什么。

然而通过对实习心理咨询师的督导，我发现事实上很多的心理咨询师在咨询历程之中比他们自以为的更加伪善。也就是说，没有在心理咨询工作结束之后对历程进行总结与反思，心理咨询师就不会意识到，自己在咨询历程之中暗含了多少对来访者的评判，以及这些评判在无形中所造成的自身情绪感受上的不自然。心理咨询师没有意识到自己的评判，不代表这些评判以及这些评判所造成的情绪感受是不存在的，它们虽然不被心理咨询师觉察，但不表示心理咨询师的整体状态所表现出的行为，能够不受这些情绪感受的影响。

如果通过前面的学习，你能认识到关系的建立对于咨询历程的构建有着多么重要的意义，那么我相信你也一定能够清晰地认识到这种隶属于谈话治疗的个体间建立相互影响的关系，要比单纯以口语的方式建立的关系真实得多。

我们回过头来看，当心理咨询师被自身那些无意识评判所造成的情绪感受影响时，其呈现出来的情绪脉络自然也是不那么自然的。

这就类似于一个正在撒谎的人，当其脑海中真实的内容与谎言的内容不相符时，两个内容所引发的情绪感受也必定是不同的，也就是说当他将注意力集中在“谎言的内容”上时，不表示他的情绪不会被脑海中那些真实经历所引发的情绪感受影响。这个时候，如果被欺骗的对象细心或敏感一点的话，很容易就能从撒谎者的情绪之中觉察出一些端倪（或者说是一些不自然）。当然，不排除一些很会撒谎的人，他们确实可以很好地隐藏自己的真实情绪，但要知道，再高明的撒谎者也能够意识到他所经历的真实内容是什么。他们真正需要隐藏的东西，是存在于他们自己意识范围之中的，而即便如此，想要完全地将它们隐藏起来，且不被他人发现，也是很困难的，更何况还有那些尚未被自身所意识的评判。

因此，心理咨询师于咨询历程之中有义务做到适时地、持续地觉察自己对来访者的评判，以及由这些评判造成的情绪感受，当察觉到时，应及时处理。难以处理的话——例如这些成见或评价触碰到了一些你尚未解决的议题，一定要在接受督导时提出该议题。需要明确的是，并不是说仅有会造成负向情绪感受的评判才是需要被察觉的，正向情绪感受的评判也是十分重要的，例如个人中心治疗学派对心理咨询工作者最为基础的要求便是：喜欢你的来访者。因此，心理咨询师也很容易学会如何将这些评判合理化，或经过自己的解释，能够更好地接纳来访者。这样辩证地看待来访者之问题行为，的确能够对咨询历程起到正向的增强作用。这种方式在积极心理学之中占有重要的地位。但要注意的是，咨询中最为重要的仍旧是心理咨询师的客观态度，因为我们确实能够让来访者意识到害怕以及把事情搞砸。

而就这些评判或成见，当我们在咨询历程之中检视到它们的存在之后，有没有什么好的方式可以暂时处理它们，以避免其对咨询历程造成更多的负面影响呢？其实你可以选择在适当的时候将这些评判澄清给你的来访者并与其共同探讨，也可以运用你自己较为擅长的方式来处理。

但要知道，任何一种处理方式都不可能直接改善咨询历程。因为咨询历程之中唯一能够改善咨询历程的人是心理咨询师本人。也就是说，我们处理这些评价不是为了“没有评价”，而是为了让自己能够回归到一名心理咨询师应有的状态。换句话说，当我们被这些评价干扰的时候，或不意识、不处理它们的时候，我们所呈现出来的心理咨询师的状态之中就会掺杂许多的不真实。在这样的情况下，心理咨询师除了表面看起来的温暖，更多的则是“没有关心的好奇”“虚伪的认可”，至于尊重和信任，也就无从谈起了。可想而知，在这样的状态下，不要说同理心或是最基本的跟随（或心斋）了，即便是一个让来访者感到安全的场域都是不能建立的。

三、关于同理心的探讨

读到这里，不知道朋友们有没有发现，对于所谓的“心理咨询技术”，并不能简单地理解成我们平日里掌握的某种技术方法之中的技术。那么我们究竟该如何准确定义心理咨询技术呢？既然讲到了同理心，不如就让我们试着从罗杰斯20年间对于同理心的诠释的发展来寻找答案。

当有人问你如何掌握同理心这个咨询技术时，你可以告诉他，罗杰斯从始至终都没有将同理心当作一项技术，而是将其当作一种能力来看待。在他看来，同理心是一种可以花20年来培养、精进的能力，而不是某种现学现用的技术。

通过同理心的表达，心理咨询师创造了安全场域，并与来访者建立起同盟关系，如此，来访者紧张或焦虑的情绪才能得到释放，才有可能容许心理咨询师进入他的世界，也只有这样，心理咨询师才有可能弄明白来访者究竟经历了什么。至于后面更深层次的探索，当来访者感觉到心理咨询师真的听懂了自己的经历时，或才有机会进行。所谓听懂，即在心理咨询师的协助下，来访者至少已经能够以更为客观、完整的视角来讲述自己的故事，从某种程度上说，心理咨询师已经开始让来访者卸下防御心理，并开始面对那些相关的议题了，而这也就是心理咨询基本架构中所指的第二个步骤，即解除防卫。

四、对信息的处理——构建你的筛滤机制

如此看来，就连同理心这个基本能力都需要通过持续发展来逐步完善。因此，对于心理咨询当中的其他技术的学习，我也建议朋友们能够将其视为能力的培养，而不是技术的训练。否则，我们会发现没有任何人能够手把手地教会我们该选一套怎样的筛滤机制供自己使用。可事实却告诉我们，一名心理咨询师如果没有自己的筛滤机制，那么他就无法系统地运用自己所收集到的信息，简单点说，就是咨询的时候没有章法或者不专业。

整本书读到这里，相信“筛滤机制”或“过滤机制”这个词朋友们已经耳熟能详了，那么究竟何为“筛滤机制”呢？事实上，对于这个词的定义就如同对心理学的定义一般：所谓心理学，即一门研究人类心理现象及其影响下的精神功能和行为活动的科学。不难看出，心理学并不存在对这一词汇本身的解释，而是将属于某种特定范畴且具备科学性质的研究活动，命名或总结为“心理学”。

所谓的“筛滤机制”也是如此，我们可以通过了解其功能以及它对于咨询历程之意义来了解它。我相信很多新手心理咨询师都会害怕或担心自己的第一个来访者不肯多说话，而使自己无事可做，甚至陷入尴尬的境地。但事实是，我们总能遇到很愿意说话的来访者，以至心理咨询师容易被他给出的海量信息所淹没。无论使用有声还是无声语言，一个人总归是没有办法不与人沟通的，就像我们的来访者，他们无时无刻不在传达

着“信息”。而心理咨询师遇到的最大的问题正是如何处理这些信息。

对大部分心理咨询师而言，他们总是会在来访者身上看到很多自以为的未尽事宜等待处理。但其实我们需要处理的问题主要有四个：第一个问题是判断哪些事情可以暂时被忽视或放在一旁；第二个问题是去组织那些你所保留，且要处理的信息材料；第三个问题是决定要怎么处理这些已被你组织好的材料；第四个问题是实际去执行你期望达成的事。当心理咨询师解决了这四个问题之后，剩下的就简单了。

但要知道的是，唯有依据你所掌握的人格理论和咨询理论来看待及聆听来访者，才有可能解决第一个和第二个问题。这些理论就如同过滤系统一般，当大量信息朝我们袭来时，我们可以通过它去芜存菁。我们本身对于人以及咨询的信念，亦能帮助我们筛滤掉真正无关紧要的信息，并且允许我们把精力集中在那些对于咨询历程有意义的信息上。而这也是理论对于从事实务工作的心理咨询师与学院派的学者同等重要的原因。

因此，当我们在看待及聆听个案的时候，不仅要通过这些人格理论和咨询理论来构建信息的筛滤机制，更要检视我们自己对于理论的学习目标，究竟是错误地将其当作一种分析的标准在学习，还是如同我在这里指出的，将其当作咨询能力的基础来积累。

五、关于来访者的超我——削弱或是增强它的力量

在本章的最后，我将回到弗洛伊德和阿德勒的理论并做一

点补充。

前文中我提到过，心理咨询发展到今天，尽管各式各样的学派不计其数，但我相信，近期所提出的这些理论都不过是对弗洛伊德和阿德勒理论的修正罢了。

我曾听到过这样一种说法："彻底地了解这两位理论家，再把他们两个人的想法都舍弃掉一些，那么你就有了进行心理咨询所需要的全部知识了。"无论这样的说法是否准确，我相信，只有在很大程度上以这两位理论家的理论为基础，才能找出或创造出比较现代化的治疗形式。

提到这两位理论家对心理咨询的贡献，很难绕过两个相似的概念，即"超我"（supereog）和"社会良知"（social conscience），它们是任何咨询形式中都存在的重要变项。

从 20 世纪 60 年代到 70 年代初，很多心理咨询师都致力协助过度社会化，过度遵从父母、教会或其他社会系统之期待的来访者发现自我、做自己想做的事情或是变得以自己为中心等。而以达成这些目标为主的学派提出的疗法主要包括来访者中心疗法、完形疗法以及存在主义心理治疗。而就本质而言，这些疗法针对的是自我以及身为自己的强化。简单点说，这些疗法无非是在用另一种形式探讨如何降低超我罢了。尽管和弗洛伊德相比，罗杰斯与波尔斯使用了不同的术语及不同的治疗模式，但不变的是，他们仍旧不约而同地把焦点集中在了超我上，而且他们也都试着削弱它的作用。

正如我们所了解到的，20 世纪 70 年代末，当一个过度强调自我、强调个人需求的时代，也就是罗杰斯、波尔斯及其同伴们所营造的以自己为优先（me first）的时代过去之后，心理咨询师会遇到各种社会化不足的来访者也就不是什么令人意外的事情了。

因此在这个时候所发展出的意义治疗法（logotherapy）、现实治疗法、基督教治疗法（Christian therapy）以及阿德勒治疗法，就专门致力于那些因社会化不足，加之严重自我中心而产生的孤立于人群、无法融入且丧失关爱他人能力的来访者。这些治疗的目的是使来访者更加社会化或更像是广大社会中的一分子。而心理咨询师所做的是使这些来访者加入一个更大的超我，换句话说，就是以增强社会良知来增强超我。

由此可见，多数情况下，心理咨询师在做的，不是加强超我，就是削弱超我的力量。

以上便是我给心理咨询师们提出的一些小小的建议。学无止境，比知识更重要的，是让自己具备一个心理咨询师的头脑。希望朋友们在今后培养及发展自身咨询能力时，能尽情地面对并享受这一过程。

第八章　解惑
——关于新手心理咨询师的常见误区

通常情况下，我会习惯性地将心理咨询与爵士乐进行类比，两者的共同之处在于它们都是基于自身特定的原则，与环境进行对话。爵士乐给大部分人留下深刻印象的是其演奏者良好的即兴发挥能力，这就如同我们的咨询历程一般，根据每一位来访者的独特问题，结合此时此地不可预测的各种情况进行工作。爵士乐并不仅仅因为简单的即兴而被人们称为爵士乐，心理咨询亦是如此，不会因为简简单单的对话而被称为心理咨询。广义的上心理咨询所使用的“治疗”方式叫作“口语治疗”，而不是“谈话治疗”。在本章之中我们将直观地了解心理咨询历程中那些需要心理咨询师遵守的“原则”，或者说我们将以一种更为具体的视角清晰地了解如何把咨询心理学的理论应用于实务工作之中，了解心理咨询为什么会被称为心理咨询。

一、关于咨询哲学的一些观点

1. **“心理咨询”是帮助人们去觉察自己是如何依循某种信念系统（belief system）创造自己的生活的。**当然，人们在通常

情况下并不会意识到自己正信奉着这个信念系统。

这个不容易被意识到的信念系统的重要组成部分包括：人们定义自己的方式；人们定义世界及其他人的方式；前两个现实部分（realities）交互处理所得出的最佳结论（前两个组成部分均由人们自行创造出来）。要知道，人们现存的所有关系皆奠基于这些固有的定义（个体信念系统里的内容），因此我们相信，这些定义在生命的早期就已经形成了。而所有表现出的现存关系，也都是为了符合这些早期就已形成的“定义”与“结论”而被创造出来的，这就像古希腊神话中普洛克路斯忒斯之床（Procrustean bed）一样：普洛克路斯忒斯（Procrustes）是古希腊神话中的一位国王，他把所逮到的旅人平绑在一张铁床上，并将旅人的手脚切断或拉长，使其能符合床铺的长度。因此，“Procrustean”这个词意指强求一致的标准。

人们的生活也奠基于自己建立的神话之上。人们不断地尝试使自己每天的生活都与自创的神话（myths）看起来一致。

因此，当生活中所发生的事情违背或不再符合这些神话时，人们就会陷入困境，接着不惜扭曲现实，以符合自己虚构的神话。最终，人们的生活在某种程度上出现了无功能（loss of function）现象，或者感受到太多的痛苦（pain）。

心理咨询是一种方法，能够将这些神话带回到人们可觉察的范围，即带入人们的意识（consciousness）之中，使人们可以检验这些神话，可以重新肯定它们或者修正它们，使它们更符合今天的现实境况而非昨天的现实境况。

神话对人们所处的境况而言是必要的。它们本身并不是不好的事物，它们反映出人类为适应生存需求的存在于潜意识之中的自然认知本能，而且它们应该贴近目前的现实境况。因此我告诉我的学生，具有功能且能够赖以为生的神话，必须与现实境况共同和谐发展，切不可背道而驰。

2. **心理咨询师必须拥有一套“过滤机制”，以筛选及重新组织来访者所提供的信息**。

事实上，一个人是没有办法不与人进行沟通的，这也就是我们将心理咨询称为“谈话治疗”而非“口语治疗”的原因。来访者总是无时无刻不在传达一些信息（包括肢体信息），而心理咨询师所面临的最大的问题则是该如何处理所有的信息。

面对大量的信息，作为心理咨询师的我们，首先要做的是决定什么事可以被忽视或可以暂时放在一边；其次，心理咨询师需要去组织所保留且准备处理的材料；接下来，心理咨询师要决定以怎样的方式去处理那些已被组织好的材料；最后，心理咨询师要切实执行自己所期望做的事。对于心理咨询师而言，这些都做到了之后，剩下的就很简单了。

上述的四个步骤中的前两步，需要心理咨询师基于人格理论和咨询理论，来看待及聆听来访者。而这些理论其实就像过滤系统一般，帮助我们在繁杂的信息中去芜存菁。

每一次咨询我们都会搜集到大量的信息，但我们不可能注意全部信息。因而我们需要把过滤系统放置在我们的眼睛前和耳朵旁边，过滤掉那些不能通过该系统的信息。

心理咨询师的信念亦是重要的，它帮助我们筛掉无关紧要的信息，且允许我们把精力集中在那些对身为心理咨询师的我们而言有意义的信息上。这也就是理论对于从事实务工作的咨询师与学院派的人都是同等重要的原因了。

令人深信不疑的是，熟练地掌握人格理论和咨询理论，能够使心理咨询师在看待及聆听来访者时，更好地建构自己的过滤器。因此，这些理论绝不仅仅是学术内容，它们也是咨询能力的基础。没有这些基础是没办法完成前两个步骤的，至于之后的两个步骤，我会在后面的观点之中提及。

3. **人们之所以未能解决自己生活上的问题，并不是因为他们不够聪明，而是他们引用了错误的信息。**

来访者之所以会成为来访者，很大程度上是因为他们和其他人的关系出现了问题。而这也会在咨访关系之中显现，比如他们会表现出抗拒，也会时不时地搞小破坏。也就是说，他们的防御机制是他们的第一道防线。

很多的心理咨询历程都始于一段“蜜月期”，就和你找一个同学来模拟来访者时的情况一样，大家客客气气，亦都有所保留。但是，“蜜月期”结束之后，才意味着心理咨询工作真正展开。

所以，当你的来访者不再表现得很容易相处时，不要过于失望或惊讶。如果来访者的问题是容易解决的，他们在找你协助之前就可能自己解决了。来访者之所以成为来访者，是因为他们的问题都有点难解决。

来访者在人际关系中会犯的那些错误，也将会在和心理咨询师的互动中出现。当这样的状况出现时，要有心理准备，采用治疗的方式来对待它。当然，这并不是一件简单的事。

4. **真正的来访者很少是容易共事的，若非在某些重要的部分出现了状况，他们就不会成为来访者了。**

在大部分的心理咨询师训练计划中，受训的学生在发展治疗技术的初期，都是和同学们共事。这些同学通常都会扮演成“好”的来访者，他们是合作的、有礼的，而且会较为主动地提供咨询议题，他们所扮演的来访者是那种以正常程序进行下去的来访者，就像是教科书上对来访者简化的定义一般的存在。这很好，很能为新手心理咨询师建立起自信，但也要知道，在这样的演练中，同学很少会提供真实生活中的困扰作为咨询议题，因此，也就很少会出现对心理咨询师的潜意识防卫。

而且，扮演来访者的人会有意识地帮助心理咨询师推动心理咨询进程。在这种情况下，受训的学生很轻易就能把那些心理咨询技巧用在假来访者身上，从而错误地认为当个心理咨询师并不难。

回到我们在前文中描述的“蜜月期”，在这段时间里，咨询的容易程度，就和请同学当模拟来访者时一样。但我们知道，真正的心理咨询工作则是在“蜜月期”结束之后才展开的。因此对于学生，我会强调以下三点：

其一，如果来访者的问题是容易解决的，那他们在找你协助之前早就解决了。

其二，来访者之所以成为来访者，是因为他们的问题都有点难解决。

其三，那些来访者在和他人相处时会犯的错误，也会在和你的互动中出现；当这样的状况出现时，要有心理准备，把它当成治疗范畴内的议题来看待，并加以处理。

5. **关于所谓的“正向思考”的力量**。

包括来访者在内，许多人都认为，“如果我能更努力地试着快乐些，我就会变得快乐了”。然而，事实通常不会如此顺利。仅仅是告诉某个人要振作起来，向来很少让人感觉更有精神；告诉人们不要再让自己陷入低落的情绪中，也很少会让人减少那些很糟糕的感觉。这听起来，就如同对一个癌症晚期患者说“会好起来的”。显然，这无疑会让听者感到更加地绝望与无奈。因此，作为心理咨询师，我们需要正视所谓的“正向思考”的力量或许只对那些已经很快乐的人有用。

6. **我们需要了解，来访者在“扮演来访者”这件事情上，通常比大多数心理咨询师在“扮演心理咨询师”的角色时更为称职。**

来访者已经花了许多年的时间练习，才变成现在的样子。就人格理论而言，我们甚至可以说他练习的时间就如同他的年龄一般长。因此，在这方面他们是专家。此外，当心理咨询师试图介绍改变现状所需要了解的要点时（这是进行治疗的重要成分），他们则会采取自我防卫。当然，他们在此方面亦是专家。

所以，我们需要有所准备，来访者总能悄悄地破坏你所进行的治疗性介入。在一百多年前，弗洛伊德已称此为“抗拒”(resistance)，然而时至今日仍有多数的心理咨询师对此不言而喻。

7. **事实上，来访者能够出现5°或10°的转变，就已经算是非常显著的了。或者说，所谓的180°的转变很可能只是假装出来的，也不太可能持续下去。**

我们这里需要明确的是，所谓的治疗性的改变，是指来访者最终会在其生活形态上出现的转变。因此，我们不要盲目地认为那是一种天翻地覆且充满未知与惊喜的转变。当然，对于来访者自身而言，小小的5°或10°的转变，其实就已经足够了。

一个曾经毫不起眼的人，经过治疗很有可能变成一个很不错的人，甚至懂得如何拒绝别人，但不太可能仅仅通过治疗就能够成为一名极具吸引力的领导者。一个具有较强攻击性且焦躁粗暴的来访者，也许没办法成为每一个人的好朋友，但是这个来访者也许可以成为一个热情的、自信的人，甚至可以和别人和平共处。而那些总能找到别人的弱点，并借机占取他人便宜的来访者，也许不会成为一名慈善家，但却有可能在看待切身利益这一点上，不再如过去那般感到威胁，转而能善用自己敏锐的分析能力，在很多方面都能成为一个很棒的问题解决专家。

因此，我们在承担心理咨询师的责任时，有必要严肃地认识到，大部分来访者在认清自己的生活形态如何造成目前的问题之后，通常都会希望自己能有180°的转变。或者说，当人们听到“转变”或“改变”等词汇时的第一反应，正是这个并不存在的180°。那些安安静静的人，会期盼自己变成团体中的灵魂人物；习惯被过度压迫的人，会期盼自己成为一名很棒的仲裁者；而一个暴躁焦虑的人，也会期盼自己成为一个知性冷静的人。

这时，心理咨询师必须帮助来访者意识到，期待发生这种幅度的转变是正常的，是可以理解的，却也是不切实际的。即便能够显现出180°的转变，也只是暂时的。我们不太可能完全改变自己的“型”，而且，我们其实也完全没有必要这么做，有5°或10°的改变就足够了。告知来访者这一切，对于心理咨询师而言是义务。这是心理咨询历程中重要的一件事，诸如此类还有很多，我们将其称为“去神秘性”。

8. **所有的行为都有它在某些情境之中的意义与目的，或者说，没有什么事是意外发生的**。

“人们会做出一个行为，总是为了完成某些事情。”这是弗洛伊德在20世纪就说过的话。如今听来，这话仍旧如同他当时所说的那样现实。我们需要帮助来访者去发现的重要信息之一是他们在日常生活中的潜意识，而我们又该如何理解那些乍看之下摸不着的“违常行为”。

9. **习惯之所以会成为习惯，是因为它们能令人满意地完成某些事**。

当我请来访者将注意力放在他们常常使用的特定说话模式或肢体动作模式上时（于此之前，心理咨询师需要在咨询环境中，辨识并澄清它们），他们多数会说：“这只是一个习惯罢了，我向来如此。”接着，他们就打算结束这个话题或直接转移到那些他们认为更加重要的话题上。

然而，我从来不会在一些重要的环节中轻易地顺从来访者。因此，也不会因为他们将这些模式称为习惯而就这样放弃本该继续的探讨。

尽管对于来访者而言，这仅仅是一个习惯，或者说他们自身无法意识到这一习惯在他们的生活或人际关系模式中会起到什么样的催化作用，但作为心理咨询师，我们虽然会在这个层面上认可来访者的话，但是专业理论存在于我们的信念中，指引我们朝着正确的方向引导咨询历程。因此我会告诉学生们，咨询有时候就像是问路，当迷路的人前来询问方向时，熟识地形的我们会直接告知对方接下来该往哪里走、怎么走，这叫作“帮助”。

然而，咨询工作之所以被称为协作而不是帮助，是因为如果我们直接将正确的方向与走向告知来访者，将会出现一个难以避免的问题，即对于来访者而言，他们会认为我们说的都对，但是他们自己难以做到。同时，对于来访者而言，当他们无法靠自身的“觉知”了解到正确的方向、未能为自己找到合适的路线时，他们始终无法走到那个位置。因此，个人中心治疗里对陪伴与无条件积极关怀的诠释，无疑是对当代心理咨询有效性的极大贡献。而我也会告知学生们，个人中心治疗并不是完全的非指导性治疗，或者说这个世界上从来就没有什么绝对的非指导性治疗。因此一名专业心理咨询师从来都不会否认那些深植于自己信念之中的专业指导性理论。只是当我们回到治疗的有效性这一根本问题上时，其中很关键的一个点就是让来访者自己看到、感受到并澄清出事实的真相，也就是说让来访者以自己的能力意识到自己的习惯在生活模式中所扮演的角色。之后，便是更进一步探讨该习惯对来访者的意义。而这，则需要心理咨询师耐心地陪伴来访者。

时至今日，我们可以了解到每个家庭中都有很多的规则在运作着，或者说每个不同的文化也都是如此。乍看之下，人们会将习惯视为与特定环境长期联结构建出的效果，例如我们养成的地域口音或行走的姿态。但在心理咨询之中对此的假定则是：个体并不只是学习到了规则本身，而且利用了家庭或文化中已经发展出的规则或习惯。当然，这一利用过程，通常都发生在我们的潜意识层面。而在咨询历程之中，了解来访者如何利用一个习惯，将有助于收集到重要的信息。

因此，不要因为这只是个习惯，就放过与此相关的主题。

10. **防御机制之所以会被选择并被维持下来，是因为它们运作得非常好。**

弗洛伊德主张，人们潜意识地发展出防御机制，是为了创造出一个他们能够掌握的现实。日常生活中，人们难免会否认或扭曲现实，以便让情况更符合那些自己相信且赖以生存的神话。

而事实上今天心理学家对人类的适应性潜意识的研究也发现，将事情合理化符合我们的神话或存在价值等需求，是其运作的典型现象。或者说人们总会不断地对所发生的情况赋予意义，并依照内在的存在价值（自我认同）需求，快速地将它们安排（合理化）进我们的“生命故事”，以获得自身的完整性。

因此，我相信心理咨询历程之中很重要的其中一项工作就是揭露这些防御机制，并帮助来访者以一种更符合真实状况且较具功能性的方式去处理现实问题。

然而我们所要面对的实际情况则是来访者已经做好了完善的防卫。他们坚定地相信自己否认和扭曲后的事实，而且他们已经发展出自己独特的方式，这些方式不但言之成理，也在一定程度上确实对他们发挥着作用。因为他们的否认和扭曲运作得很好，所以他们的朋友和爱他们的人无法协助他们，这就是我们常说心理咨询师在日常生活中不能为自己身边的人做心理咨询的原因之一。

我们说回防御机制。需要明白的是，防御机制之所以能发挥作用，很大程度上是因为它们能帮助来访者避开伤痛、害怕以及愤怒等情绪。于此逃避的过程之中，防御机制扮演的是一种增强物，使这种行为得以持续下去。

而打破这些防卫行为，无疑是一项艰难的任务，但同时，这也是一项极为重要的任务，前提是心理咨询师真心以有效能的治疗作为咨询之目标。

11. **当我们谈论“绝对信念”时，需要明白除了怀孕之外，没有那种所谓的“全有”或“全无”的事情**。

对于大部分的来访者而言，他们似乎都过着一种于某个层面存在着“全有”或“全无”的体验的生活。

“如果我不能把大家逗笑，就说明大家都不再喜欢我了。”

“如果我对其他人太客气，那么他们一定会占我的便宜。”

“我认为人们会被误导，其实是他们自找的。”

“女人都……”

“男人就是……”

“要么我就信任他，要么就不信任他。”

“除非我……否则人们是不会接纳我的。”

“如果……就……”“除非……否则……”“我认为……”“其实……”以及对一些词汇的特定解释等，都是心理咨询师在专注聆听时需要敏感的部分。因为在心理咨询历程的前期工作中，除了持续地建立关系外，搜集信念无疑是最为重要的。而当你搜集到类似这样的绝对信念（absolute belief）时，我相信每一位资深的心理咨询师都会告诉你，千万不要错过它们，因为慢慢地，你就会发现这就是来访者的整个错误信念系统中很重要的组成部分。而依循这个错误信念系统采取的行动，也就是我们所需要捕捉的，来访者会在人际关系中不经意间呈现出用以催化或真正导致人际关系恶化的行为模式。

不可否认的是，对于来访者本人而言，这样错误的“绝对信念”是其无法意识到的，而这些错误信念造成的催化性或破坏性行为，也很少被视为造成人际关系困难的原因。但是，当我们对这些错误的“绝对信念”（“全有”“全无”的想法）做出挑战并修正以使其符合现实环境时，将会给来访者一些调整其行为与人际关系的空间。

不仅是来访者，几乎所有人身上都会拥有好几个“全有”或“全无”的信念，而就心理咨询工作而言，这些信念也总会被视为病灶。因此，当我们搜集到这些信息时，切勿未经挑战就将其放过。同时，我们也需要将这些信念和来访者有问题的人际关系放在一起思考。最终，这将成为改善来访者生活的一个重要转折点。

关于“绝对信念”，我们可做以下几点总结：

①个体错误信念系统的重要组成部分；

②来访者身上通常会有好几个；

③属于来访者需要认识到的盲点；

④对其进行挑战及修正，可以帮助来访者打破原有人际关系模式；

⑤咨询历程中，务必将其与来访者的“问题人际关系”放在一起思考。

12. **永远记住，一切问题的解决方案总在你对面的那张椅子上！**

当我们试图将心理咨询历程与社会心理服务工作历程进行区分时，我们会发现两者之间存在着密切的关联，且都很重要。

我们需要社会工作者来帮助个体（注意，由于社会工作者服务范围之广、服务性质之差异，其服务之对象不被称为来访者），使其学习如何把系统运作得更好或更能符合社会秩序，以及帮助来访者矫正那些真的由于外在因素，或者说是因为不正当且通常是不合理的环境造成的结果。因为其他人不道德的欲望而受害的人们需要得到帮助（注意，是“帮助”，不是“协助”），避免不道德之行为的继续伤害。个体会需要各方面的服务以获取食物、住所或保护，而社会工作者恰好能在这些服务领域中做出良好的表现。

而前来咨询的来访者需要的则是一种全然不同的服务。他们需要的是得到一定程度的协助，找出生活问题中属于他们自身所做贡献的部分，并能够有效地或是以接纳为前提地了解自身的潜意识目标及动机有哪些。就心理咨询师而言，我们相信这些存在于潜意识之中的目标与动机才是真正需要解决的问题。

而这一探讨问题事件，使来访者了解到自己是如何于此之中参与并催化问题事件的完整过程，则被心理咨询师们称为个人化。作为一名心理咨询师，在我们熟练地掌握个人化工作之前，我们需要明白两个原则。第一个原则是，来访者遇到的问题是他们自己遇到的问题。例如，一位家长带着厌学的孩子来到你面前，着急地告诉你他的孩子如何不爱学习，乍听之下这确实是个棘手的问题，但如果你确实想要解决这个问题，那么首先你需要明确这个议题（或待解决的问题）是什么。在这个例子中，“孩子不爱学习”很明显是需要探讨和解决的议题。那么“孩子不爱学习”这个议题究竟该跟谁讨论？或者说，这究竟是谁遇到的问题呢？这就涉及我要说的第二个原则。

我相信很多心理咨询师会将这种被父母强制带来的孩子称为“被动的来访者”。可我在前文中一直强调，从某种程度上来讲，心理咨询历程顺利的关键要素在于来访者自身的意愿。这个解决问题的意愿其实早在来访者走进咨询室之前就已经存在了，只是他们并不知道自己的意愿和自己需要解决的问题之间存在着什么样的关联，而心理咨询师所要做的，包括建立关系、给予鼓励、无条件积极关怀在内的很多素质体现，亦是为了能够在咨询室（一个安全的场域）内培养来访者正确地使用这个驱力以解决问题。同时心理咨询师比来访者更明白的是这个驱力本身所关联的问题，是来访者真正需要或者说是首要处理的议题，很有可能与来访者认为自己遇到的问题大相径庭。比如，对于这个被贴上了厌学标签的孩子，当他走进咨询室的时候，无论态度如何，包括心理咨询师在内，大家似乎都很默契地将解决厌学问题当作了晤谈的目的。

但我不允许我的学生们犯这样低级的错误，因为就这个议题而言，孩子并没有解决它的意愿。尽管有些孩子会表现出对这个议题的认同，甚至也会告诉你厌学给他的生活带来了怎样的压力，但事实是，对于孩子们而言，那些由厌学衍生出的生活困扰，或许才更有可能是他们需要晤谈的主题。而随着对这些困扰的探讨，或许你会惊讶地发现，于他的人生而言，比起学习他还有更加重要的部分需要真正成长。当然，在弄清楚这一切之后，你也就有机会看到厌学这个行为对孩子而言，真正的意义是什么。所以有经验的心理咨询师不会一直将晤谈锁定在一开始的主题上，因为可能只有在解决了很多其他问题之后，一开始我们所面临的问题才会被解决。当然，也许到那个时候，我们不需要对厌学本身做更多的工作，可能只要稍加引导，孩子的成绩便会发生好转。简而言之，其一，心理咨询师要确定这个问题究竟是谁遇到的问题；其二，心理咨询师永远要以来访者的个人利益为主，若无法尊重来访者的切身利益，不要说用来访者的眼睛看世界以切实解决问题，甚至连关系都无法很好地建立。

由此我们不难看出，心理咨询工作中很重要的一部分就是帮助来访者厘清自己与问题事件或与周遭他人之间的关系及界限，从而使来访者对此发展出自己的新选择，并做出决定。而在此过程之中，心理咨询师需要做到的是对界限及责任的敏感。换句话说，假如你的来访者面临的议题是债务压力，难道心理咨询师给他最好的帮助是帮他还钱吗？

所以，我并不认为心理咨询师的角色功能是在帮助来访者找到一份工作、还清一份债务，或是学习如何控制生活预算。心理咨询师的任务是协助来访者发现，在一开始的时候，自己究竟做了什么事情，以至于妨碍了自己去学习这些技能。

13. **心理咨询是一项有关真相的工作，而真相却是难以发现的。**

人们为了解决生活中所遇到的痛苦而寻求帮助时，心理咨询往往是他们的最后一个选项。又或者说，在他们见到心理咨询师之前，便已经把他们各自的问题拿去跟他们的朋友、配偶以及身边那些值得信赖的人探讨过了。当然，这也是他们应该做的，其中一个很重要的原因是上述这些人并不会按时向他们收费，而先尝试免费的方法也是合理的。对于人们所遇到的问题，这些人也确实可以提供一些实际的帮助。从各种角度来看，这些可提供帮助的资源也确实应该优先被选用。

所以，当我第一次看到来访者时，我会假定他们在找我之前，已经尝试过其他各类人士的帮助了。同时，我也会假定，其他人之所以没能帮上忙，原因并非他们不是优秀的问题解决者。我认为他们只是选错了问题，或是用了错误的信息来解决问题，抑或这两种情形兼而有之。

那些亲戚和朋友们不会做而心理咨询师会做的事情包括：去寻找来访者在生活中的潜意识层面；寻找防御机制，发现否认、扭曲、投射和压抑的征兆；寻找那些在来访者生活中扮演重要角色，却被隐藏起来的事实。心理咨询师十分清楚这些事实会被隐藏起来，而来访者会无法处理或再次解决这些造成痛苦的问题。

当来访者发现某个议题的真实变项时，或当来访者发现自己真正需要解决的问题时，他们通常就能够去处理或重新评估问题，对那些必须解决的问题做出决定。当然，在理想的情况下，来访者也能够以较为满意的方式来过自己的生活。

但这些真相也并不是显而易见、不证自明的。

14. **来访者很少是无助的，他们通常都已经发展出好几种奇怪的成功方式。**

对于作为实习心理咨询师督导的我来说，最为困难的任务就是教导实习心理咨询师们如何避免为自己的来访者感到难过，或者说我十分努力地想要教导他们小心，不要掉入“试图将自己的来访者从他们所呈现的苦楚中拯救出来”的陷阱。

的确，对那些对自身的悲惨状态或本身的苦恼看起来都非常无助的来访者，心理咨询师们若不是因为冷漠或被隔离，着实很难不为这些来访者感到遗憾、难过，何况这些痛苦或不幸是如此真实。

然而，关键点就在于“来访者并不是无助的”。相反地，他们还可能是成功人士。之所以说来访者是成功的，是因为无论在哪一个时刻，人们都是自己选择要如何对这个世界做出反应的。虽然不会轻易地被来访者觉察，但不管怎么说，它们仍旧是来访者所做出的选择。同理，在特定的处境中让自己成为无助的受害者，也是来访者在某些时候会做出的一种选择。尽管他们不会觉知到是自己选择变得无助的。

而当我开始心理咨询工作时，我也不知道他们为什么会选择表现出无助。不过，在之后的心理咨询历程中，我逐渐了解到他们确实做了这样的选择，并且清楚地了解到这选择背后隐藏的缘由，同时，我也会让来访者认识到这一点。

因此，与其为来访者感到难过，我宁可我的学生们感到的是好奇：

①好奇来访者怎么会避开了所有可能找出解决问题方案的机会，或者说他们究竟是因为什么才会否决掉其他选择的呢？是愚蠢，还是没有用心去寻找呢？是宁可让自己痛苦下去，也懒得去寻找解决的办法吗？

②学会去好奇来访者的自我概念是什么，也就是来访者在信念中是如何评价或定义自己的。毕竟，我们从来都不会否认来访者意识层面所展现的痛苦，但只有更好地了解到来访者的内在，我们才能有机会觉察到那些潜藏在意识之下的假设与选择，以及它们对来访者真正的意义究竟是什么。

③好奇来访者对于生活中各种情况或处境的想法是什么，

这能让我们对来访者的思维模式有更为具体的了解。

④但更重要的是，好奇怎样才能找出一些新的选择，让来访者可以重新开始自己的生活。

在这里，希望大家能够明白，这样的好奇心之所以能被来访者感受到并报以接纳的态度，是因为这好奇心是属于心理咨询师的温暖与关怀的部分。或者说，只有在充满温暖、信任与关怀的环境下，这样的好奇心才会对心理咨询历程起到真正的正向催化作用。因此，我们不能像实验科学家那般，以一种纯粹理性的态度来好奇或审视我们的来访者。光是想象一下那个场景，都让人觉得十分冷漠。

总之，实际上心理咨询师很大程度上是在跟来访者的潜意识层面打交道，而就来访者的潜意识层面来讲，他们并非无助，而是选择了一个无助的位置。当然，在心理咨询历程开始时，他们的自我防御机制也会对自己的行为找出一些看似合理的借口。心理咨询师需要去探索一个真相，需要给来访者无条件的关怀，表现出充满温暖的好奇，而不是同情。

15. **当来访者对你的话表示赞同时，并不代表你的话就是对的；反之，当来访者对你的话表示不赞同时，也并不意味着你就是错的**。

在心理咨询历程的初期，我们会花非常多的时间来揭露来访者的潜意识历程与动机，所以我并不认为来访者在意识层面上所表示的赞同与反对可以被用来当作我那些早期假设或预感是否正确的最佳确认依据。同样，有些来访者会忽视他们自己的意见，而对权威形象者的意见表现出一种顺从的倾向。还有一类人则是不管别人的意见是什么，他早已下定决心要持反对意见。在前述的任何一种情况下，来访者对心理咨询师所表示的赞同或不赞同的看法，虽不应该忽视，却也不那么重要。新手心理咨询师时常会犯的错误就是，他们往往不善于搜集来访者的潜意识信息，以揭露来访者未能察觉的矛盾点及盲点，反而将更多的时间耗费在了与来访者意识层面的计较上。

因此，作为心理咨询师，一个需要注意的关键就是若不是有意识地想要使用挑战技术，以催化咨询历程朝着更好的方向发展，就不要轻易地和你的来访者争辩，因为来访者很容易就会以再回来咨询赢得这一回合的争辩。而且，如果我们真的和来访者展开争辩，就有可能要承担一个风险，那就是沦为来访者生活模式的参与者，与他生活中的其他人一样，进入来访者的不良人际关系中，致使咨询效能减弱。

16. **人们并不软弱，他们只是没有触碰到自己的力量**。

为什么来访者无法改变他们自己或改变其生活中的某些部分？最完美的借口就是他们还不够坚强。他们总是在想，如果他们办得到，他们就会这么做了，但他们实在太软弱了。他们在想，或许只要能够更坚强一些，或拥有更多的意志力，或自我要求更严格，或有更坚定的决心，那么就可以改变自己，等等。但问题是，既然他们与生俱来这些方面的能力就不如他人，那么这是否就意味着，这些问题的发生或事情接下来的发展就像是命中注定一般，而他们也只能够维持现在的样子继续生活下去了？想一想，这是一件多么可怕的事。

是命中注定？我从来不相信这一点。一个人之所以会成为这个样子，必定是他们自己选择的，而且是依据他们想要的，或是他们的企图去做出选择的。除了那些成瘾性行为，人们总是做着自己想做的事情。至于他们是个性软弱还是意志力不足，则与这些一点关系都没有，这些个性上的软弱或能力上的不足，往往只是人们为了逃避一些选择与责任时所找的借口。要知道的是，当初他们可是耗费了很大的心力、体力和决心才做出那样的选择。

关于这一点，站在心理咨询师的角度，我们可将其理解为，来访者的能力本身是存在的，只是没有用在我们所定义的问题事件中，或者说，我们需要先去了解来访者将这个能力用在了生活的哪些方面。因此，无论是坚强的能力，还是坚韧的意志力，我们都不要轻易地将来访者视为没有这些能力的人，否则我们也就在不自觉中赞成了来访者的借口。

17. **无论你对来访者的感觉如何，或对来访者有什么样的反应，这些感觉或反应都有可能是来访者故意造成的**。

这一点很关键，也是我在教学时不断强调的。当然，它也是最难以被学生理解与接受的。多年来，学生都被教导要以这样的观点来看待来访者的一系列行为。无论来访者如何觉知这个世界，以及他们对这个世界做何反应，都是他们自己的事儿，这是一件很个人的事情，无论这些想法是对是错，都与他人无关。因此，心理咨询师需要接纳并尊重来访者的这些看待世界的独特方式。即便是价值观，在普通人中也会存在区别，这也是人本主义强调的重点。然后，这些独立的个体又在彼此的人际互动之中发生一些适应不良的状况，从而导致我们所说的心理问题。而在这些问题之中，来访者则需要为他们所遇到的问题负至少百分之五十的责任。这就像是一种尊重的代价，以我们的尊重换来来访者承认自己的责任。我们尊重并接纳他们所认为的世界，那么他们也应该承认自己对自己的问题是负有责任的。来访者所遇到的问题是他们自身所遇到的问题。这与他们的价值观有关，也与这些价值观所组成的他们不同于他人的世界观有关。同样的问题，可能对不同的人来说意义都不同，因此我们需要了解的不是这个问题对我们意味着什么，而是对于来访者来说，这个问题意味着什么。在这个了解的过程中，我们会依据来访者的信息重新定义问题的轻重及道德意义，从而更加具体地了解来访者所遇到的问题究竟是怎样的一个问题。

但是，咨询关系亦是一种非常特殊的关系。因为在咨询关系中，心理咨询师所承担的义务与责任，是完全不同于其他人际关系中的义务与责任的。心理咨询师应该尽可能以类似“空白屏幕（blankscreen）”的角色进入咨询或治疗关系。心理咨询师一开始应该保持中立，并且允许来访者来冲撞自己，而不是为自己的立场辩护，或事先预设立场。这也是心理咨询师在心理治疗历程初期所应该持有的态度。

当我们有意识地给来访者传送信息时，需要做的是让这些信息呈现出中立的立场；同时，心理咨询师也要在咨询中尽可能地减少对自己个人信息的透露。心理咨询师的自我揭露，需要保持在一个范围内，揭露得过少，会给来访者带来一定的陌生感或距离感，而对心理咨询历程能起到正向催化作用的自我揭露无疑是需要当机立断的。再者，心理咨询师也要慎重而有意地使来访者展现出他在面对新环境时的态度，且着重了解其此时此刻正在“做什么”，以及了解来访者期待从心理咨询师身上获得什么。最后，也就是我在此强调的，心理咨询师须由了解来访者企图引导自己做出什么样的反应，从中获得了解他的重要信息或线索。

举例来说，如果我们发现自己替来访者感到难过，那么也许是因为来访者就是想让别人为自己感到难过、想让别人帮助自己，或者想让别人因此而不至于对自己抱有过高的期望，等等。如果我们发现自己被来访者惹得很烦，也许是因为来访者比较熟悉或擅长对付被他激怒的人，所以会尽快把对方置于这种情况下。有些人则只会和权利比他大或权利比他小的人共处。而在咨询关系中，这一点会显现得非常快，在治疗关系中也很适合拿来当成一个重要的变项参考。

来访者在关系中将对方置于自己较能控制的位置，无疑能给自己营造一种熟悉的人际关系环境，但也正是因为这个熟悉的人际关系环境是一种不良的人际关系环境，所以才需要心理咨询师允许其充分地展现，并适时地为此做出调整。

当然，我在这里想要试着传达的观念，不是希望心理咨询师做出虚假的反应，也不是要心理咨询师表现得没有人情味。相反地，我主张心理咨询师应该与自己的“人性（humanness）”有非常多的接触，不过接触时要带有一点创新。不要只是对来访者的表现做出直接的反应，就像你在街上遇到朋友就会打招呼那么直接是不行的。心理咨询师应该去觉察自己原本想要如何回应，然后对于该如何使用这个觉察到的信息，做一个专业的判断。也就是觉察到自己的反应是如何被来访者造成的，同时调整自己的反应，从而以专业的方法运用信息。

接下来，让我们用一个更为具体的例子来阐明这一部分传达的概念。此刻，一位三十多岁的女性正在与实习心理咨询师进行心理咨询。随着心理咨询历程的开展，我们的女主角开始谈论到，为何她在生活之中总是默默忍受别人强加到自己身上的各种要求。然而，很快地，她就试图想要改变心理咨询室里家具的摆放位置。她坚持自己和心理咨询师应该以不同于心理咨询师原本所安排的座位来坐，完全掌控了整个局势。这个实习心理咨询师当时大吃一惊，也有点生气。因此，在接下来的晤谈当中，这个实习心理咨询师就持续表现出对这个来访者相当无能为力的模样。

在心理咨询师看来，有几件事是显而易见的。来访者把她支配他人的习性投射出来了，并且很快反客为主，把自己转移成情境中的老大。她借由攻击性的行为，让实习心理咨询师失去了武器，并使自己在晤谈中被单独留在那儿没有人理会。毫不令人意外，在之后的治疗关系中，来访者承认她相当孤独，一个真正的朋友都没有。让来访者可以自由地去观察她自己是如何掌控外在的情境的，同时确认心理咨询师对她的行为所产生的自然反应为何，我们就可以借由这些信息来了解来访者的不良人际互动模式是怎样的了。之后，心理咨询师便需要在此模式中找出一个例证，进而如镜子一般照见来访者的问题。

18. **视听教材所展示的心理咨询与心理治疗过程容易让学生对心理咨询的工作产生误会。**

教学过程中，我们时常会使用视听教材来展现及示范心理咨询或心理治疗的过程，而其中一项令人遗憾的副作用是：这样的教学方式容易使学生对长期的咨询关系产生错误的印象。

学生们通常从观察老师或专家工作的情形中受益。但不难发现，这样的工作展示呈现出的往往都是一次次非常成功的心理咨询历程（否则他们就会把这卷带子销毁，然后用其他的材料），而且这样的材料从来不乏戏剧性——越戏剧性的材料越畅销。接下来，不妨让我们来总结一下，视听材料或老师们的现场展示会让学生对真正的咨询关系产生误解的原因都有哪些：

①这样的一次治疗过程，脱离了一个完整心理咨询历程所应有的脉络背景。

②会有什么样的长期效果，完全是猜想而已。

③人们因而形成了一种印象，以为所有好的心理咨询历程都是戏剧性的。

④在心理咨询历程中最容易出现的重复性，没有被看到。

⑤实际上，真正会影响来访者的内容，往往不是能够被心理咨询师完全掌控的，也就是说没有一位心理咨询师能够具体地说出到底是自己的哪个行为或哪句话，最终导致了治疗的成效。或者说，来访者在咨询过程之中即便会有“顿悟”的时刻，也是由那些实在不太明显的小小的渐悟慢慢累积而成的。这些都很重要，却难以在展示中呈现。

⑥来访者破坏心理咨询历程的尝试，很少有机会成为这种咨询示范的一部分。

⑦心理咨询历程的不同阶段无法全部被包含进去。

所有这些问题都是由这类示范材料的本质所致。本来示范展示应该带给实习心理咨询师更加具有完整性的现实感，无奈的是，通常只有等到实习期间，当实习心理咨询师与真正的来访者进入心理咨询历程中时，才能体验到这种真实感。而这时，那些所谓的视听材料或咨询展示，如同负累一般，使得实习心理咨询师因为自己的工作不够戏剧性、不够完美而对自己有些不满。

19. 比起做得太多或太快，心理咨询师做得太少和太慢，失去的来访者更多。

关于建立关系，一些心理咨询师认为："必须当来访者已经做好了接受咨询的准备时，关系才算建立。"于是，他们便会花好几次咨询的时间来熟悉彼此，避免触碰真正的议题，并尽量表现得友善，直到能够确认来访者已经做好了进入咨询的准备。即便到今天我都无法确定这些实习心理咨询师究竟依据什么标准来确认来访者是否做好准备。但就我所了解的来看，我更情愿将这种不肯终结"蜜月期"的行为，视作一种心理咨询师不自信的表现。

作为实习心理咨询师督导，我有义务让学生们了解到，来访者已经与你进行过两三次咨询后，当他们感觉或意识到自己和咨询师一起做的事情，与自己周围的朋友及亲人所做的事情差不了太多时，来访者很有可能会选择不再来咨询室了。因为和心理咨询师谈话，看起来和朋友聊天没什么区别，所以来访者就会放弃咨询。而且和朋友约时间相较于咨询预约要容易得多，朋友也许还会请自己喝杯咖啡呢。

假设作为实习心理咨询师的我们在每一次晤谈中都将正式展开的心理治疗寄托于下一次的咨询，而在下一次咨询开始时仍然与来访者滞留在"蜜月期"之中，那么就像每一次都给来访者一块钱，但最终来访者能从我们身上得到多少钱呢？事实上，花不了几块钱，来访者便不再回来了，因为对于来访者而言，每一次的心理咨询都像是什么事情都没有发生一样。

让我们来明确一个极为错误的信念："如果心理咨询师在

一开始的时候就展开咨询工作，那么来访者就会被吓跑并且永远不再回来——因为来访者无法承受太多，因此心理咨询师应当非常小心才是。”

显然，这不是真的。来访者很少会因为心理咨询师太难缠，自己应付不来而放弃咨询。其原因正如我在前文中提到的那样，相较于心理咨询师这个角色而言，来访者所扮演的角色更为称职。试想一下，一名合格的心理咨询师，即便是从本科开始就读心理咨询专业，直到博士生毕业后参与实习工作，满打满算地做了十年之久，也不及来访者专业。要知道，对于来访者而言，他的人格特质、生活兴趣、习惯以及处理事情的态度等，都是积年累月的结果。因此，如果说心理咨询的前提是尊重来访者个人，那么心理咨询师必须要以谦虚的态度认识到自己虽然是专业上的主导，但并非来访者成长上的领路人。相反，来访者也不是一天两天的受害者，他们带着自己的问题于生活的各个层面、各种环境中碰壁，他们远比我们所看到的更坚强。因此，作为实习心理咨询师至少需要明白的是，来访者会在心理咨询历程中很多次地原谅我们，就像容忍生活中其他的反馈一样。直到他们忍无可忍，或真的被心理咨询师伤害了，才会做出明确的反馈。所以，对于来访者而言，我们看到的他，就是客观的他，他喜欢撒谎，喜欢隐瞒，就允许他撒谎和隐瞒。正如我们说尊重，就是允许他人成为他们自己，他们也许会改变，但难得的是允许被人改变。什么是允许？允许，就是不评价。放下自己的评价，我们才有可能用来访者的眼睛看世界，而这也是具备同理心的前提条件。

到那时，你也许会发现，来访者对于进入正式的心理咨询，向来都是准备好的。重要的是缺少一个和他一样准备好，且允许他以自己的方式展开咨询的心理咨询师。

二、关于心理咨询的目标及界限

1. **咨询关系里有一套独特的限制规则，而从这样的限制当中也产生了一些独特的互动许可范围。**

事实上，我们很难拿生活中的其他关系来与咨询关系进行类比。它最独特的性质，就是能够同时给来访者与心理咨询师带来一连串独特的限制要素，还产生了一些独特的互动许可范围。

在这段关系开始时，来访者通常很少能够有意识地觉察到这些限制因素。而心理咨询师的责任便是教导他们——通常情况下是让来访者自己去归纳，而非明确地告知来访者一般的原则。简单来说，就是让来访者亲身进行对情境的再经验，从而获得收益，而不是用一段刻意的文字对其进行说明。

接下来让我们进一步了解有哪些独特的限制因素。

①咨询关系是两种截然不同的关系的结合：一种是正式、专业且规矩合宜的关系；而另一种则是亲密、深层的个人化关系。

个案有权利期待看到专业知识以一种负责任的方式被心理咨询师运用，且这种负责任的方式中又表现出关怀、近乎朋友对朋友的态度。然而这并不是真正的朋友关系，因此，在这里我们可以将此朋友关系理解为：双方在某些重要基础上是一种平等的关系。

咨询本身并不以一种平等的方式把两个人结合成一组伙伴。从专业关系的角度来看，心理咨询师必须处在一个有比较大的权力及控制力的位置。来访者也必须理解其中的差异。此外，这种权力分配上的不同，又必须控制程度，避免其成为建立亲密关系的绊脚石，因为亲密关系也是这段咨询关系所需要的。

②事实上在大多数的亲密关系中，两个人在自我揭露的分量方面自然而然地会达到一个对称平衡（balance），而且自我揭露的材料内容，也通常兼具历史性及当下两种成分。但在咨询关系中，这样的平衡则并不存在。

不同的心理咨询师在他们自己的自我揭露分量方面会有所不同。或者说，心理咨询师的自我揭露通常局限于与此时此刻的心理咨询历程相关的部分。

③与前一点有关，却又有些不同的是所关注的焦点。在大多数的亲密关系中，关心的兴趣焦点何在，也要考量双方面是否达到平衡。因此通常情况下，在亲密关系中能够成为焦点人物的不会只是其中的一方。但在咨询关系中则不会如此，这段关系之所以会存在，是因为来访者需要得到帮助，所以来访者必须是聚焦点。

而当这段关系出现要求取得平衡的现象时，这段关系大概就走到尽头了，或者说有经验的心理咨询师会发现，每段咨询关系的尾声，心理咨询师能做的也只是表达一下自己对来访者的期待，这些听起来类似祝福的要求，事实上就是一种在关系中求得平衡的现象。

④通常情况下，处在亲密关系中的双方都能获得相等的益处，但在咨询关系中却非如此。尽管心理咨询师会从这段关系

中获得金钱、成功的感觉以及经验的累积，但这只是因为来访者遇到了问题，或者说他们过得并不够好，而不是所谓的平等获益。

来访者在自己的生活中遇到了困难，因此寻求咨询，以使自己的生活能过得更好一些。从这一层来看，在咨询关系中，来访者应该比心理咨询师获益更多。反之，心理咨询师如果想要得到治疗上的帮助，那么心理咨询师则应该自己去另寻专业上的帮助。因此，在咨询关系中，利益应该是属于来访者的。

以上便是咨询关系中所存在的独特限制因素。那么接下来，让我们一起来了解咨询关系的独特性赋予心理咨询师及来访者一些非常特别的互动许可范围：

①在咨询关系的早期，心理咨询师就可能会问一些关于个人的隐私问题，而且常常是在第一次晤谈时就问了。当然，在第二次晤谈时更进一步地追问也不足为奇。

②心理咨询师可能会指示来访者谈论那些来访者在正常情况下会回避的主题。这在生活的其他关系中或许不太常见，至少会让人觉得不够礼貌。

③对于来访者提出的明确问题，心理咨询师可以选择回答或不回答。与大部分的关系相比，心理咨询师在这方面有更大的自主权。

④心理咨询师不需要受限于有礼貌的行为或良好的互动态度。心理咨询师有责任提出挑战，坚持且说出令人不愉快却真实的事情，打断来访者正在叙述的故事，破除来访者的辩解以及合理化的说辞，否定来访者毫无根据的反应和打岔。

也就是采取任何有助于讨论真相的必要行动。只要法律和伦理许可，无论什么样的行动都行。

我并不是在暗示心理咨询师拥有“虐待”来访者的许可证，但是心理咨询师确实拥有某种程度的自由，可以做一些在一般社交性谈话中被视为不恰当的事情。但不要忘了，这一切的目的是催化整个心理咨询历程朝着发现真相展开，而发现所谓的真相，也只是心理咨询师的责任，它并不代表着心理咨询的终结。

2. **在心理咨询中，所有的问题都属于人际关系问题**。

对实习心理咨询师而言，一个极有用的做法就是从咨询一开始就从人际关系的角度来倾听来访者的陈述，而不论来访者一开口所谈论的内容为何。

心理咨询师应该认识到，这些内容终究都会回到和其他人的关系上面。因此，咨询中一旦寻找到适当的机会，我们应尽快把对话转到这个方向，而不论是通过询问、澄清的方式还是用直接评论来访者的方式。这样做有助于我们很快地聚焦于最为重要的部分并进行讨论，在这些部分之中总能听到一些类似于“我是”“他是”“他们都”或是“因为……所以……”的敏感词。

这也就是说，人际关系本身就是心理咨询历程之中所要处理的材料。每件事都必须从关系的角度来考虑。

3. **既然心理咨询中，所有的问题都属于人际关系问题，那么更进一步来说，所有人际关系问题不是跟权利有关，就是跟亲密感有关**。

我时常叮嘱自己的学生记住这句话：所有治疗中会遇到的问题都和权利或亲密感有关。

在此，我必须对这个结论做出一点点的延伸，但不会推演得太多。

首先，这些是我在咨询工作中的发现。在进行一些总结后，我发现我的来访者都在关注下述问题：

①他们的权力感、能力感、价值感以及自尊感。

②他们去爱的能力以及他们变得脆弱敏感的原因。

这两个变项可能是彼此相关的，它们可能就像是一个硬币的两面。

我发现，当我试着从我的来访者表现出的信息中了解这个人时，将这些问题视为两个不同的议题，处理起来就会比较容易。

我相信一些朋友已经从我前面叙述的内容中看出来，我对于阿德勒和弗洛伊德对人类行为之基本原理的主张持赞成的态度。阿德勒相信，所有的行为都源自人们需要取得控制感，以及适应环境的能力。弗洛伊德相信，人类的所有行为都源自生存和性的意志。我认为他们两位的说法都对。如果这两个因素的确形成了人类行为的基础，那么要大家相信治疗中所遇到的所有的问题都与此基础的某一项有关或与两者都有关就容易多了。

毫不意外的是，我会使用这两个过滤系统来倾听我的来访者，并据此组织他们所说的话。

4．事实上，来访者一开始所提出的问题很少是真正的问题。那些来访者所提出的问题，往往只是令其困扰的症状罢了。

这一点尽管已经一再地被社会大众、行为治疗师、现实治疗师以及其他人抨击、质疑，但仍旧有其存在的理由。有很多的心理治疗工作者，依然会不断地发现这句话是真的。

假设，现在一位来访者与心理咨询师开始了他们之间的第一次晤谈，来访者抛出了自己的烦恼，据来访者所言，他所遇到的问题是“自己总是持续地被周围的人剥削”。无法否认，这确实是一个令人难过的状况，更是一个主题明确的问题。随后，这位来访者也会用一个接一个的例子来说明人们是如何在生活中对其进行压榨的。那么问题来了，为什么这位来访者不立刻终止他人对自己的剥削？他立刻终止周围人与此相关的行为不就好了吗？换个角度想，为什么我们身边的人不会总是对我们进行这样无休止的剥削呢？是因为我们非常懂得说“不”吗？可是，在这位来访者的字典里难道就不存在“不”这个字吗？

在很多情境中，人们能够非常轻易地说出“不”这个字，或者说，我们之所以能够拒绝是因为我们有能力看出事态的发展好像会变得对我们有些不利。因此，我们就会选择离开这个情境。

随着进一步晤谈，心理咨询师发现，这位来访者也能够像我们一样看出事情的演变对他不会有任何的好处，但他还是任由事态发展下去。所以，这位被人持续剥削的来访者和我们这些不会被剥削的人之间，究竟存在着什么样的不同之处？

相信很多经验丰富的心理咨询师都能从这类来访者身上发现，他们对于自身的认同程度大都较低，通常情况下他们会觉得自己是没有价值的、不可爱的，和周围的人也是无法平起平坐的，同时，他们相信除非允许别人来占自己的便宜，否则他们将得不到别人的接纳。而这就是他们真正需要处理的问题。

事实也正是如此，在这类来访者的信念系统里，往往存在着两个习惯性的想法。其一，他们会定义自己是较不值得被他人主动接纳的。其二，他们也会界定别人在很多方面是优于他们的。而根据这两种想法得出的结论则是，最适宜的行为模式就是让人们占自己的便宜。因此，我们会发现那些剥削他们的人往往都是他们身边的朋友。

来访者私底下、潜意识中对于自我、他人，以及如何在这样的现实处境中生活的种种迷思创造出这些问题，而且很不巧的是，这些问题还被视为症状。

通过这个例子不难看出，真正的问题是来访者的迷思，那些不被来访者自己觉察的迷思。除非来访者能够澄清自己的迷思究竟是什么，也就是真正的问题是什么，并对其做出相应的调整，否则来访者的生活将持续痛苦下去。

5. **神话是一切的基础**。

身为人类，无论我们生活在哪个国家，无疑都会发现，文化的形式各种各样，但是童话或神话总能渗透其中。的确，神话已经成为文化的一部分，最为重要的是，它们也为不同文化体系下生活的人们提供着一些生活的准则。这些神话或传说在全世界所有的文化当中都可以找到，且被认为是其所属文化得以发展的必要组成部分。

可以确信的是，我们每一个人也会以一种类似的模式，各自创造出属于自己的一组神话或指导方针，教导我们如何去过每一天的生活。就像阿德勒一样，我相信在生命的早期，也许是六七岁时，我们就已经会去相信一些概括性的观念，这些观念是有关于：①了解我们自己（我是聪明的、我是愚笨的、我是成功的等关于自我的评价）；②这个世界及其他人（人们是对我有帮助的、别人想让我失败、除非你让人们感觉到难受否则他们就不会在乎、别人比我有价值、朋友就是要被拿来利用的等）；③而基于这两种神话的存在，我们发展出一些一般性的指导方针，以便符合这些神话而生存下来。这也就是我们的生活风格（life style），它通常是一种具有一致性的、可靠的行为模式，类似于“要避免失败”“做任何事都要以别人为中心”“要求得到公平”“要懂得顺从”“要让人们开心”“要懂得反对”“要表现得迷人”等。简单点说，我们可以将表现出的生活风格理解为：由于我们已经在信念中产生了一些不可否认的观念，为了让这些信念落实到生活中，我们会执行一些行为。例如前文例子中所讲的，来访者对神话中的自我评价是我没有资格成为其他人的朋友，除非我能带给别人一些好处。那么在很大程度上，这类来访者所扮演的要么是被人剥削的角色，要么是主动拿出一些好处来维系自己与朋友之间的关系，而这些好处多半是金钱。

不难看出，这三种神话构成了我们存在意义的基石。而它们也是我们幼童时期，也就是六七岁时，所获生活经验的结果。这些神话之所以会被我们视为真实，是因为当我们对自身经验提出解释时，结论似乎总能暗示着它们是对的。它们一旦在我们年轻的心智里成形，就会变成我们赖以生存的稳固的基本信条。而且，这些神话在一般情况下，是不可受到挑战的，在我们的余生里也不会改变。此外，它们之后也会被放进我们的潜意识里。

如同阿德勒曾在他的著作中指出的那样，小孩子对周遭发生的事以及发生在他们身上的事而言，其实是非常出色的观察者。但遗憾的是，对于这些事情而言，孩子们并不是很好的诠释者。那些他们为自己创造出来的神话通常是错的，但那已经是在他们有限的理解能力之下，所能创造出的最好的产物了。他们将在往后的人生中依循着这些潜意识神话的逻辑去生活。

由此观之，很多成年后的适应性功能的障碍其实早在年幼时就已埋下了种子。幸运的人，神话很少与环境的变更相冲突以致痛苦，而不幸运的人，冲突多，自然也就生活在痛苦之中。

6. **新的洞察和新的语言能让来访者拥有一些扭动身躯的空间，以便做出改变。**

我坚信一种说法，来访者没有办法进行自我修复或自我疗愈的部分原因在于，他们思考自身问题时，会锁死在某种思考方式里。同样地，在谈论自己的问题时，不论是对别人谈还是对自己说，他们也是固定在一种特定的说法里。给来访者一个新的说法，并且重新定义其所处的情境，常常可以带来一些神奇的效果。让我们来看些例子：

用“我不想要”取代“我不能够”。

用“我选择……”取代“我必须……”。

用“我对这个没兴趣”取代“我懒得去做”。

用“她不喜欢我”取代“我不够好”。

用“我很苗条”取代“我身材干瘪”。

这些都是很简单的改变语言表达的例子。如果说的话语变了，所要讨论的主题也就变了，那么对自己所处情境的思考角度也会改变。当这样的情形发生时，解决问题的可能性也就出现了。

7. **那些总是在付出的人，其实也懂得报复。**

假使你允许来访者多说一些，那么很有可能你会听到一些悲伤的故事。

他们会以更为具体的实例来叙述自己一直以来如何被别人压榨、如何被他人冷漠对待，等等。但重点在于，其实他们已经完全准备好要谈论别人是怎么错误地对待他们。

如果说作为一名心理咨询师，每天都要面对海量的信息，且很大一部分信息来自这些实例，那么接下来我们需要做些什么呢？通常情况下，一旦我自信现在与来访者正处于真诚开放的安全咨询关系时，我会直截了当地询问对方："所以你是选择用什么样的方式报复回去的呢？"

显然，即便是在安全的环境中，这个问题也总能为晤谈营造出片刻的戏剧化的精彩。当然，这是短暂的。因为在来访者短暂地惊讶过后，他们对此也总能找到答案，通常还是带着微笑来回答的。随后，我便可以对来访者指出，从他们能报复这一点来看，在对抗自己的命运方面，他们其实是有力量的。他们并不像自己深信的那样，仅仅是个受害者。他们可以对事情产生影响，而且他们也确实这么做了。换句话说，我只是碰巧想到这个力量可以用在比报复更好的地方，因此我就这么告诉他们。从这一点出发，我便可以开始发展出新的信念，这些信念亦将会导引出新的行为，而新的行为便可以将来访者从受害者的生活模式中脱离出来。

每个人都有足够的力量避免自己成为受害者，报复的行为就是这股力量的证明。解决的方法就是把这股力量用在更好的地方。

8. **所谓价值观中立的心理咨询，根本就不存在。**

价值观是一件非常私人的事情。而我也认为大部分人相信，没有人可以将一套完整的价值观系统强加在他人身上，每个人的价值观对其自身而言都具有相当的独特性，而且几乎可以说是神圣到不可侵犯。因此，即便是在心理咨询过程中，心理咨询师也绝不能在拥有某些关系特权的情况下，试图去影响来访者的价值观。这一点需要小心，因为如果这么做了，会违反专业理论，进而对咨询效果产生严重的负面效果。

上述的要求我相信朋友们并不陌生，但我要说的是，这样的要求纯粹是理想化的，因为没人能够做到。

如果说价值观提供了生活的准则，并且假设我们在咨询中所要改变的事，就是来访者面对生活的方式，那么，在不能公开或悄悄挑战来访者的价值观的情况下，我们又该如何进行咨询呢？这实在是一个非常吊诡的问题，乍看之下它可能只是一个简单的迷思，但其实不然。

尽管之后我也会反复强调，但在这里先让我们一同来熟悉这个理论："事实上，大部分的心理咨询，其目的不是增加或减少来访者的超我，就是调整它。"按照这一理论来进行审视的话，如果超我指的不是价值观，那超我还会是什么？那些在个人生活中出现的"我要……"或"我不应该……"之类的陈述，就是导致我们接受与否或决定是否去做的每一个行为的组成部分。而这也是我们在进行心理咨询时需要取得的信息。

有可能出现的争议是是否能够有意地去影响来访者的价值

观。去挑战或探索来访者的价值观系统，与有意地去影响来访者的价值观，这两者是截然不同的，关键就在于“有意地”这三个字上。

心理咨询师意外地或在潜意识中影响来访者的价值观就会比较好吗？有研究结果显示，人常常在影响他人，不管他们是否察觉到自己在这么做。或者说，影响别人这本身就是一件很难避免的事。如果有两个人同处一室，那么他们势必会相互影响。而且，如果他们讨论的议题是价值观的话，那么影响则更容易产生。不论这一行为是有意的还是无意的。

也有研究结果显示，以价值观作为咨询前后的测验内容来进行测验时，如果咨询双方都认为这对咨询历程是有帮助的，那么咨询结束后，来访者的价值观会与心理咨询师的价值观更为接近。但反之，当咨询看起来没有什么效果时，来访者的价值观不会有变动的现象，也不会有迹象显示，来访者与心理咨询师的价值观在进行咨询前是相似的。

通过上述研究不难看出，但凡是有效的咨询，不论是有意还是无意，心理咨询师都确实影响了来访者的价值观。

心理咨询师坚持最为基本的咨询态度，且对此深信不疑，这是很值得赞扬的。合格的心理咨询师也一定会在心理咨询历程之中将这些尊重、平等的态度带给来访者。然而对于一些来访者，心理咨询师可能会认为，他应该尽可能不被其他人的需求或要求束缚，或者他应该更遵从于自己的期待和需求。那么，从影响的角度来看，心理咨询师的这些态度，或者说是信念，难道不正是心理咨询师试图在心理咨询历程中有意无意地影响来访者的吗？

更进一步来说，每一位心理咨询师又会在对生活的某些细节方面，体现出不同的价值观。例如，一位心理咨询师相信，心理健康就意味着一个人可以依照他所直接接触的环境去创造自己的生活，并对此抱有肯定的态度，那么这位心理咨询师所提供的咨询经验，则会大大地不同于那些相信“美好生活来自从过去的生活经验中寻找最好的教训”的心理咨询师所提供的。而这些，都源于价值观系统，无论它们源于心理咨询师个人抑或是哪个学派的哲学主张。

所以并没有所谓的价值中立的咨询，只有人与人之间彼此影响。这一点，我希望所有的实习心理咨询师都能认识到。

9. **心理咨询是一个历程，于此历程之中，我们需要避开生活中的“输赢”层面。**

许多来访者会把他们的时间花费在和别人的比较上，比较谁输谁赢，比较谁对谁错。是“赢得了”呢，还是“被拥有”了呢？谁是谁的老板，而谁又是谁的下属。

这些来访者会在防卫自己或是攻击他人上耗费令人难以置信的力气。当然，攻击别人也不过是另一种防卫的方式罢了。他们带着这样的生活观点和生活形态进入心理咨询的关系之中，通常是完全不会觉察到这就是自己生活方式中的主要部分。

在这样的情况下，心理咨询师必须是一个能够避免来访者带来的陷阱，且不让这段关系陷入非输即赢局面的人。

当然，需要表明的是，作为心理咨询师的我们没有必要设法打败我们的来访者。如果说“成为一个失败者”是来访者生活剧本的一部分，我们自然不可做出一些助纣为虐的事情。但是，你可以试着拿出你的最后一块钱来与其打赌，熟悉自己生活剧本的来访者自然也不会让人失望，他们会将自己安排成最后的输家。失败是他们再熟悉不过且擅长的一件事。以一种古怪的角度来看，失败却也是这类来访者赢得胜利的一种方式。从某种程度来说，这也许能让他们进行报复。所以心理咨询师应该持续自己的预防措施，使来访者没有办法对我们这样做。

同样重要的是，避免来访者用一些方式来令我们感到挫败，例如，擅长失败的来访者最终会让我们看起来高人一等，而这无疑是他们报复成功的结果。在那样的情况下，我们会因为自己看起来就像在唱独角戏而感到挫败。当然，他们也会试图让我们变成那个永远是对的或说什么都有理的人。

这些方式和其他的手段一样，每次的得逞都像是一次对他们的神经症（neurosis）的巩固或喂养。而一旦我们正中这些手段的下怀，我们就会自然而然地将注意力聚焦于一些连锁的情绪感受上。当然，这样的情绪纠葛也自然会导致心理咨询师无法更好地将焦点真正地落在来访者的身上。

因此，心理咨询师需要关注来访者想要抗争的是什么，更需要关注的是，此时此地他们正在抗争的是什么。作为心理咨询师的我们不得不承认的一个事实是，来访者总能找出一些让他们的攻击或报复显得合理的理由。即便是在没有理由的情况下，他们也会试着去创造出一个理由。说到底，心理咨询师的责任，仍旧是做好预防措施，以抵抗来访者的攻击或报复。

以输赢来定义遇到的情况，这正是来访者的问题，不管是两种情况中的哪一种。打败别人或被人打败的脚本，都使得来访者没有办法真正地学习如何去爱或是接纳爱。

创造出一种气氛，让输赢显得无关紧要，这点是心理咨询历程中很重要的一个部分。

10. **绝对不能让来访者用模棱两可的词汇说话**。

如果要说来访者有什么共同点，那就是他们对于自己是如何维持自己所困扰的问题且无法从中脱离都不甚明了。而心理咨询师的工作之一，就是像镜子一样，去帮助来访者看到自身的盲点，也就是去帮助他们对自己正在做的事情有所觉察。在此过程之中存在着一个至关重要的问题，即来访者究竟是如何巧妙地让自己可以真正地被蒙在鼓里？在很大程度上，我们会认为问题就出现在那些模棱两可的词汇上。尽管成熟的心理咨询师都了解不被明确或不够具体的词汇的确就像是一个个陷阱或是一个个未做选择的路口，叫人犹豫不决，但我并不是在强调心理咨询师要去和来访者玩什么文字游戏，而是要表明，之所以要求心理咨询师在探索来访者是如何巧妙地让自己深陷生活的泥沼时，注意他们那些模棱两可或不够具体的措辞，是因为使用这些措辞常常就是他们的策略之一。

我们都很清楚，如同人们运用谈话来揭发或透露真相一般，人们也会用谈话来掩饰真相。人会有计划且有意识地用言谈来模糊情境，通常不是借由说谎行为，便是避重就轻，故意遗漏重要的话语或信息。即便在咨询情境中亦是如此。尽管我们不得不承认这些行为的动机都存在于来访者的潜意识中且不被来访者觉察，但却总好像是有意识般地那样有效率地进行着。他们常见的做法之一，就是使用大量的模糊措辞。例如以“这（it）”代替具体的实例。

“这样做让我觉得很受伤害”这句话本就要比“他出轨让

我觉得很受伤”显得更不明确。

对事情进行更为具体的叙述会有什么样的效果呢？

同样是上面的那句话，我们试着加入心理咨询师的回应来看看。

来访者：“他出轨让我觉得很受伤。”

心理咨询师：“嗯，我听到你说，他出轨让你觉得很受伤；那么，这是一种怎样的受伤呢？可以多讲一点吗？关于这种受伤。”

来访者：“就是背叛，或者说是一种被抛弃的感觉吧。”

心理咨询师：“背叛，被抛弃的感觉，嗯，所以你认为他出轨是对你的背叛，会给你造成一种被抛弃的感受。”

来访者：“是的。”

心理咨询师：“好，我听到你说，他的出轨对于你而言就等同于背叛，而你所说的伤害，准确地说就是这种被抛弃的感受，我可以这样理解吗？”

来访者：“……还有不信任。”

心理咨询师：“不信任……嗯，是你对他的不信任吗？”

来访者：“嗯……似乎是他对我的不信任。”

心理咨询师：“他对你的不信任？”

来访者：“……是的，是这样，总之，他不该这样对我。”

心理咨询师：“嗯，听起来似乎是他的这种行为本身就像是在告诉你他不信任你。”

来访者：“什么意思？”

心理咨询师：“与其说他是出轨，在我看来不如更为准确地描述为‘背着你出轨’，你觉得呢？”

来访者：“……是这样。”

心理咨询师：“换句话说，假如他从出轨的一开始，就向你摊牌，那么你还会有这种不被信任的感觉吗？”

来访者：“……我大概能明白你的意思。”

心理咨询师：“嗯，所以听起来，你很讨厌这种不能被他信任的感觉。”

来访者：“……嗯。”

心理咨询师：“好，我们之前聊了这么多关于他的内容，那么，除了用‘他’这个字来代替这个人，现在你还能够用其他的称呼来替代吗？叫他的名字也可以。”

来访者：“嗯……啊，没事，就说他是我老公好了。”

事实上心理咨询师并没有义务撮合谁跟谁，因此，即便来访者改口称呼对方为“老公”了，也不意味着什么。心理咨询师需要继续保持共情同理，以便从来访者称呼对方时的情绪表达中，客观搜集对方在她信念系统中真正位置的相关信息，并予以尊重。而在这个案例中，心理咨询师通过不断地共情同理了解到，当对方放弃继续扮演受害者并客观面对问题时，还是很能容忍所谓的“他”继续占据老公这个位置。

通过上述的例子，我们不难看出心理咨询师将抽象的词汇具体化所起到的重要作用，在一个熟练于展开话题并进行探索的心理咨询师眼里，“他出轨让我觉得很受伤”这样的话，并不足以代表问题会朝着那个方向发展。或者说，这听上去简直像极了一个打包好的习惯性理由，如果一直任由这句话存在于咨询双方的晤谈之中，怕是对谁都不会有益。

在我看来，咨询工作在很大程度上都建立于“不同的说法会引导出不同的思考方式，同时就会引导出不同的理解方式”

这一人类自然的思维特征之上。而得出不同的思考方式与不同的理解内容，正是心理咨询的基本目标。

三、来访者对心理咨询的心理感受

1. **对于很多人而言，寻求心理咨询师的帮助，就意味着自己是失败的**。

之前的内容中我提到过，心理咨询师有必要给予来访者希望。但在这里，我想要继续延伸这个主题。

对于实习心理咨询师而言，我认为有一个非常重要的议题就是，他们要能理解到，当来访者第一次踏进咨询室时，这个进入咨询室的动作本身，也许就意味着他承认了自己是失败的。

当然，实习心理咨询师通常不会以这样的角度来看待我们的来访者，或者说在更多的情况下，当实习心理咨询师看到来访者出现时通常都会相当地高兴，因为这表示有机会来磨炼自己的咨询技巧。

这些经验尚不太丰富的心理咨询师们也许会有些担心自己表现不佳。但一般而言，他们还是会很高兴有这个机会可以对真正的来访者进行咨询工作。对于他们而言，首次的会面，是他们一直期盼的；但对于来访者而言，则不会如此。

对很多人来说，去见心理咨询师或任何有关心理研究的专业人士，就意味着寻找一个“爱讲大道理的人”来教教自己如何做人，这也意味着他们实在是不知道该如何照料自己的生活了。大部分人不会知道，咨询的过程有很大一部分是在协助人们把自己潜意识的材料提升到意识可觉察的层次。这么做，可以使来访者有机会运用这些新的、重要的材料去思考如何解决自己的问题。来访者原本并不知道他们的问题之所以不能解决或没办法处理，是因为那些很重要的潜意识材料已经从解决问题的过程中被遗漏掉，完全未被列入考量。在来访者的心中，他会认为自己已经从每一个角度检视了所有的变项，却仍然无法使事情变好。所以来访者会自然而然地觉得“我已经失败了”。

觉得自己是个失败者无疑是一件最令人感到沮丧的事了，但这却是大多数咨询开始时的情境。除非实习心理咨询师能够敏感地觉察到这一点，否则当咨询室的门自来访者的背后关上的那一瞬间，他们可能就失去这个来访者了，心理咨询师甚至还一头雾水，不知道自己到底是哪里出了错。是否能够带给我们的来访者希望，会影响到身为心理咨询师的我们究竟是成功还是失败。

简而言之，心理咨询师有必要认识到，尤其是第一次晤谈，来访者会基于哪些方面来认为自己是失败者。从而探讨之，并给予其相应的希望与力量（不是期待，期待更像是一种要求，甚至会让人感到有压力）。

2. **失败的感觉**。

气馁（discouragement）是来访者无法改善其生活、无法使自己过得更满意的最大障碍之一。而构成气馁的最重要的部分，则是过去经验中累积而来的失败感受。你无法隐藏来访者确实将过去搞砸了的事实，所以别试着隐藏这件事，或者说，我们不但不应去隐藏这件事，相反地，还可以以小孩子学走路为例子来向来访者说明。

所有小孩子在学走路时都会跌跌撞撞、摇摇晃晃，甚至会摔倒，走了许多次也还是踉踉跄跄的。但是，没有人会说他们这样就失败了，不可能学会走路；也没有人会在孩子们学走路时，给他们的走路方式打一个不及格的分数；当然，更没有人会认为他们应该停止学走路。我们只会鼓励孩子们继续尝试下去，他们也真的会继续尝试，最后他们也就走得越来越好。

我希望我的来访者能用类似学步的态度来看待生活。如果我能帮助他们看清他们的生活方式和孩子学走路之间的相似性，他们或许就能找到继续尝试的勇气，一直尝试直到做对为止。

作为一名实务工作者，我发现具有治疗效果的方法之一，就是教会来访者以一种新的方法去谈论、思考自己所要面对的生活。我一点也不打算帮现实裹上一层糖衣，但当我在面对来访者时，我确实会找到一些新的角度来看待现实。

我们要教会来访者以一种新的方式谈论、思考自己所要面对的生活，需要思考的是如何才能算作教会，而不是让对方假装懂得。

3. **来访者通常会希望你可以帮助他们在不用改变任何事情的情况之下使事情好转，至少，就他们自己那部分而言可以不做改变。**

唯有通过心理咨询师持续的努力将焦点引导到来访者身上，心理咨询师才有希望能够弄清楚那些造成来访者困扰的基本原因。不仅是处理某个来访者时才这样，而是处理大多数的来访者都是如此。

就算来访者口头上说，他发现自己就是问题的根源，这并不表示他真的这么相信，也不代表他想要从自己身上努力改变来让事情变得更好。事实上，他会回避这种做法。

而这也正是他需要一名心理咨询师的原因，心理咨询师的功能就是不让他回避那些应该弄清楚的议题。

重温一下我们熟悉的个人化技术，它是一个持续努力将焦点引至来访者自身，从而创造出有望能够弄清楚造成困难的根本原因的方法。但作为心理咨询师我们在实务工作中需要敏感的地方是：不要轻易地认为来访者主动承认自己是问题的根源就代表个人化的成功，反而更有可能的是，对方正在通过讨好与配合，从而逐渐展现自己的防御机制。

4. **在来访者内心里，他们觉得自己不应受责备。**

我有一位女性来访者，她是一位结过四次婚的人，而且在这些婚姻中以及离婚之后，都还另外拥有好几位情人。

当她走进咨询室时，她说她想知道自己是哪里做错了。然而接下来，她就试着告诉我关于每一个男人的事情，还有他们有些什么问题。

她确实完全没有认识到，在所有这些感情关系里，唯一一个重要的共同因素就是她自己。她也真的完全没有心理准备，要把自己的生活风格当成所有困扰的根源来检视。偶尔她会说出“我知道有些问题出在我身上”这类的话，但由她自己决定议题时，她仍会把焦点放在她生命中的那些男人出了什么问题，以及他们是如何误会她的。

就我这一方而言，我必须持续努力地使每次晤谈都聚焦在她身上，还有她的生活风格或生活脚本，或是她的期待是什么，或是她试着要回避什么，以及她对自己和对别人的信念——特别是针对男人的信念。这些部分才是问题所在，她自己也知道。

但是让她自己选择讨论的方向时，她宁可选择讨论他们。

这种情境很像一个故事，有个人在城里一条漆黑的街道上掉了钱，但他却坚持要去街灯底下找他掉的钱，因为在有光亮的地方找东西比较容易，而且也比较安全。这样一个耳熟能详的例子，所隐喻的是关于责任的回避。

5. **来访者私底下希望心理咨询师也一样会失败。他们认为如此一来，自己就不会显得那么蠢了。**

如同我前面提到的，来访者之所以成为来访者，是因为他们已经无法以适当且让自己满意的方式生活。来访者之所以无法成功，并不是因为他们太笨以至于无法把事情做好，而是因为他们并不了解他们生活中究竟哪里出了错。和他们的问题有关的资料，都是在潜意识里的。如若少了这些资料，就没有人能够解决来访者所面对的这些问题。他们的聪明才智在这件事情上一点作用也没有。

但来访者完全不知道这一点。对许多来访者而言，接受咨询时最困难的部分，就是承认他们自己需要一位心理咨询师。对许多人来说，承认自己需要心理咨询师，就意味着承认自己不够聪明，不能够解决生活中出错的部分。在面对这一类来访者时，心理咨询师常常面对的是一个觉得很丢脸，并且对于自己落入这样的情境中感到愤恨不平的人。来访者在开始这段关系时通常会想："你以为你很聪明吗？你以为你真的懂很多道理吗？你以为你是谁呀？"当然，这并不是来访者的全貌。每一个来访者都是受了伤的，而且想要得到帮助的。来访者希望心理咨询师能够帮到他们。但在背地里，他们也希望心理咨询师会失败，如此一来，就能证明他们的处境没有人可以处理，这样来访者就可以挽回自己的面子了。“你看，就连这些所谓的专家也不能对事情有所帮助，我的失败也确实是理所当然的。”或许他们会这么想。

我想，对实习心理咨询师而言很重要的一点是，在咨询关系刚开始的时候就要对这样的情况很敏感。让来访者感受到自己是有尊严的且被尊重着，这是很关键且必要的咨询步骤。心理咨询师绝对不能够显露出一丝一毫盛气凌人的态度，或表现出任何纡尊降贵的姿态；也不可以让人认为他对接待这个来访者这件事其实觉得很无聊。心理咨询师所呈现出来的，必须是个相当有自信的人，同时表现出希望受到他人的尊重，且也会用相同的态度对待别人的态度。从此立场出发，咨询关系就可以进入更深的层面了。但是咨询历程的初期来访者通常都会希望心理咨询师会失败，而这一点是实习心理咨询师常常没有体会到的。

四、关于心理咨询师的角色

1. **在某些情况下，只有当一个人相信这么做正确的时候，他才能够去做。**

就某种角度来看，不论一个人做了什么行为，这个行为在他看来一定是正确的、应该做出的。治疗的工作之一，就是挖掘出来访者认为他正在做的行为是正确的、应该做的的原因（因为那些他正在做的行为通常会引起我们的担心）。就心理咨询师而言，需要思考的是：“这些行为一定有它们存在的合理解释，那么接下来，要如何正确地理解它们呢?”要做到这一点，唯有去探索来访者的潜意识动机，也就是他们的潜意识意图。当我们做到这一步，来访者才可以开始重新评估，那些自己所存有的意图；才能够再度确认，那些隐藏在自己意图背后的信念。如此一来，治疗的过程也就能顺利进行了。

2. **责任感：通过做出各式各样的选择来建立个人的生活**。

较为理想的生活的基本要素，是和责任这个概念紧紧地交织在一起的。在所有的例子当中，一个过着好生活的人，他的特点必定就是负责任。对于负责任，我们可以将其定义为：经由有意识的选择，去创造个人的生活，而且承担那些选择的结果。我并不把责任当作个人得背负的沉重十字架，我也不认为所谓的负责任，就是接受他人的控制或是为他人而活。相反地，我认为一个负责任的人，就是能在最大可能的范围内掌控他自己的生活，而且无论是在私下或公开的场合，都能坦然面对自己的选择。

并且我也相信，一个过好生活的人，会像关心他自己那样关心别人。我觉得我所认识的快乐的人，无一例外会为别人付出，甚至为理念而献身。但我认为对选择这部分的讨论应该和对责任的讨论区分开来。我认为分清这两种概念是很重要的，不应该把它们混为一谈。它们彼此之间相关，这是可以确定的，但这两者之间还是可以区别的。因此，当我的来访者和我讨论到“负责任的生活”这个概念时，我会非常注意其中的区别。依照我的观点，迈向心理健康的第一步，是对生活做出有意识的选择，而不是以自动化、习惯性的方式来反应，或者就只是被动地等待事情发生在自己身上。一旦建立了责任的观念，我们就能接着检视各式各样的选择，以及那些选择所产生的结果。

我们必须学会承担责任。

简单总结一下，好的生活离不开负责任。所谓负责任，就是通过有意识的选择（若表现出负责任的行为是自动化的、习惯性的，这不能算作负责任），创造个人的生活，并承担那些选择之结果。

其咨询工作包括：①建立责任的观念；②检视各种选择；③检视各种选择之结果。

3. **从心理强度**（strength）**的角度来看，关系变得亲密，就意味着比较容易受到伤害**（vulnerable）。

如同某位作词者贴切地描写道："我们所曾经学过最棒的事，就是如何去爱人，以及如何被人以爱回报。"这真是智慧之言。我相信，爱人与被爱唯一的障碍，就是不愿变得容易受伤害。

有相当多的来访者不信任他人，也不愿意碰碰运气试着让自己真正被他人了解。他们存有一种潜意识的恐惧，就是如果我们真的了解他们，那么我们就不会喜欢他们了。因此，他们得把自己保护好。

另一些来访者害怕的则是，如果他们在一段关系中不能够居于领导地位，那么自己将会处于很被动的位置。于是他们会试着操控这段关系，也因此否定了爱人与被爱的可能性。也许在咨询过程中，来访者最大的收获之一，就是在与心理咨询师共处时，即使自己处于易受伤害的情况，也可能是友好的，这样也可以是安全的。对许多来访者而言，这可能是迈向爱人与被爱的第一步，而爱人与被爱就是心理健康的基础。

心理咨询师可能对来访者犯下的严重的错误之一，就是当来访者处于易受伤害的状态时，去剥削、利用来访者。这可能会使来访者产生再也不要让自己变得那么容易受伤害的想法，而且这个观念可能是永远都无法改变的。来访者会把这样的经验解释为以后再也无法去爱人或被爱了。所以要当一个好的心理咨询师，就要非常严肃地负起这些责任。

4. **心理咨询师必须把来访者训练成自己的来访者**。

虽然来访者在刚开始要进入一段咨询关系时，可能会对发生的事情仅有一点模糊的概念，但在开始咨询后不久，他们通常会试着用那些他们比较熟悉的人际关系方式，来看待咨询关系。来访者会试着这样做是非常可以理解的，但他们必定会失败。

咨询关系的关系形式，主要是由心理咨询师主导。我们所谈论的主题，应该就是身为心理咨询师的我们关注焦点后思考的结果。要问问题或不问问题，也应该是站在心理咨询师立场上进行的选择。如果我们提出了问题，那么我们所问的那些问题，将会对来访者接下来会叙述什么或会想什么产生很大的影响。心理咨询师将会决定应该把焦点放在哪件事上面，或是将哪件事忽略。如何与来访者开始晤谈，以及来访者对晤谈带着什么样的期待，都应该受到心理咨询师的专业理论和目的的影响。咨询的步调、节奏，咨询中出现张力或缺乏张力状态，以及心理咨询师要扮演或不扮演什么角色等，都需要心理咨询师来把握。

这听起来也许很理所当然，但绝大多数的实习心理咨询师在实习课程开始时，都认为咨询是由来访者带头，心理咨询师则是跟着来访者的步调，然后美好的结果就会发生。

其实并不是这样，即使是罗杰斯这样的来访者个案中心咨询学派（client - centered counseling）的代表人物，也会训练他的来访者成为属于来访者中心学派之理念所能够解释的来访者。如果我们去听几卷罗杰斯进行治疗时的录音带，我们就会注意到，每一个来访者的声调与谈论的内容都是不一样的，但是罗杰斯的声音听起来都一样。再往下听就会发现，每一个来访者的晤谈过程听起来就都变得一样了。罗杰斯可能是一位不显眼、不引人注意的老师，但他的的确确把他的来访者训练成了他的来访者。每位心理咨询师都应该这么做。

5. **在咨询晤谈时所发生的事情，心理咨询师应担负起百分之七十五到百分之八十的责任。**

如同我在前一点中提到的，心理咨询师必须把来访者训练成自己的来访者。进一步延伸此概念，我的主张是来访者只能做心理咨询师允许他做的事。就字面意思来看，这样说稍稍显得有些过分，但我们可以尝试着从下面例子的角度来理解这句话。

如果来访者想要诉说生活中不公平的遭遇，而我想要听到的则是，究竟是谁，在什么情况下，做出了这些不公平的事。那么，由此我所提出的问题、做出的评价以及我所表现出来的兴趣，应该要让来访者很快说出是谁，以及在什么时候做了这些事。如果我对这些不公平的事情没有兴趣，反而是对来访者目前与他的母亲之间的关系比较有兴趣的话，那么，我可以通过我所提出的问题、我的评论和我所表现出来的兴趣，来追踪这个我感兴趣的主题。只要我以提问和评论的方式来表露对来访者母子关系的兴趣，那么他就没办法继续谈论那些不公平的事了。

如果我觉得来访者总是很理智，也很强调逻辑性，那么我会希望来访者多关注和接触自己的情感。我只要提问、评论以及展现兴趣，或者只要调整成“反映来访者可能体验到的情绪”，即可改变整个晤谈的焦点。当我要求来访者暂时停下谈话，将注意力转移到他紧握着的拳头、僵硬的下巴，以及当时很明显可以感觉到的怒气时，整个晤谈的走向就会转向情感的部分。这是我能够保证的。但是，如果我要求来访者澄清他的故事中的某些情节，或者我和来访者争论其表达的生活哲学含义，那么我就只会得到更多这类的理性对话。如果来访者想要告诉我他的过去，而我却只想要这个人专注在他的动机上，那么我们的话题方向必须要依循我的引导。这是毋庸置疑的。

我并不是说心理咨询师可以粗暴地要求来访者屈从于心理咨询师想要的方向。其实我们该做的事情，不过是问对问题、做出适切的评价，以及对正确的方向表现出兴趣，然后我们想要的走向就会自然发生了。

心理咨询师要为晤谈的进行负责任，因为我们是具备专业能力的人，所以就应该是那个负责任的人。

6. **心理咨询师才是晤谈的主控者，而非来访者**。

在督导的时候，我时常会对心理咨询师询问一些问题。经过总结，我所提出的这类疑问大致可以理解为：“为什么你的咨询工作迟迟不能展开？”

然而，对于这类问题，我所得到的答案，很大一部分可以被理解为“我不认为这个来访者已经准备好了”，或是“我不认为这个来访者愿意这么做”。但并不是这样的。当来访者愿意成为一个来访者，并同意你以心理咨询师的身份与他互动时，就表示心理咨询师可以选择在任何自己想要的时间点上，来处理各式各样的问题。这并非夸大其词，因为据我了解，和往后实际的职业生涯相比，实习心理咨询师现在更为担忧的是失去自己的来访者。但是，只有非常少的来访者会因为心理咨询师的工作做得很好而不再来咨询。如果在来访者的生活中，有某一个特定的议题重要到应该立即去处理的，那么就应该立刻去处理它。我们不需要等待所谓的最完美的时机，或是等咨询历程发展到什么正确的时间，当心理咨询师认为时机是适当的，那该时机就是适当的。以往我也相信，时机在咨询的过程中是一个关键的问题，但我现在不再这么想了。现在当我发现一些事情变得显而易见或是变得重要的时候，通常我就会自然而然地开始去处理它。那时，我只会简单地告诉来访者，我希望他告诉我一些关于某方面的事，而通常来访者都会愿意这么做。

7. **给来访者希望，因为他们需要希望**。

当来访者带着问题来找心理咨询师时，他可能都已经先试着寻求过朋友或家人的帮助了。而且，既然来访者现在是在我们的咨询室里，那就意味着他自己和其他人都没办法成功地解决问题。此刻，来访者的心情可能是非常沮丧的，而且通常还希望心理咨询师也会像他们自己一样对这件事束手无策。毕竟他们并不是傻瓜，他们的朋友或家人也不笨，而且他们已经试过从各种角度来看这个问题了，但还是没办法解决。“也许这个问题就是没办法解决的那种呢?”很多来访者刚开始与心理咨询师晤谈时，心里其实都会闪过这样的想法。

在咨询关系刚开始时，心理咨询师就必须明白来访者可能会存在着这个失败、沮丧的心理。在不许诺美好的愿景，亦不假装我不会犯错的情况下，我会用各种直接或间接的方式，让来访者对未来怀抱希望。

使用间接方式的前提是，我对自己身为心理咨询师的能力很有自信，因此也会这么展现给来访者看。我企图借由在第一次晤谈时，就能马上进入咨询历程的能力，来展现我在咨询方面的自信。

而就直接的方式来说，我也许会和来访者讨论他的这些沮丧的感受，让他有机会诉说这个议题，然后对来访者做出诸如下面的陈述："我希望自己能够帮助你""我知道你以前就已经试着解决这些问题，但你还不曾和我一起努力过，而我想要做一些不一样的事情"，或者"嗯，我明白你会感到沮丧是有原因的，但我很擅长处理这些问题，这就是我的工作，所以让我们一同努力看看吧"。

我相信每一位心理咨询师都会用自己的语言来传达类似的信息以给予来访者希望。但需要注意的是，这样的话语是带有鼓励性的，而不是提出要求。

因此，虽然来访者累积了多年来的失望、沮丧，但我不认为这样就会让我失去他们。然而，来访者确实常常会因此而退出咨询。

8. **如果来访者已经把事情弄得一团糟，那么他们怎么能够再一次相信自己。**

如同阿德勒在他早年的著作中提到的，心理咨询师和来访者必须克服的一个重大问题，就是来访者的挫折感（discouragement）。通常来访者在寻求咨询前，就已经在这些问题上纠结过很长一段时间了，很可能早就已经试着与朋友及家人一起解决问题。因此，咨询通常是在一种挫败的感觉下开始的。接下来，如果心理咨询师做对了事，咨询的焦点转向了来访者潜意识的意图及信念，就会使以其中一点变得愈来愈清楚。那就是来访者意识到自己就是这些麻烦的源头，也就是我们常说的个人化。但与此同时对于来访者而言，他们也会得出“我还真是把事情弄得一团糟，所以我再也没有理由相信自己了!”这类的结论。可是，他们必须再次相信自己，因为他们唯一拥有的就是自己了。

来访者要逐渐了解到，他们目前的生活之所以会有一些不协调，是因为目前的生活是童年时期所决定的那种生活的延续；他们现在对自己和对其他人的信念，是延续了早年对自己及对他人的信念；他们现今的生活形态，其实是儿童时期生活形态的成人版。这时，对来访者来说很重要的一点是去发现，在那个他们深信存在的时空背景而言，那些早年的决定都是当时能力范围内能做出的最好的决定了。以来访者当时对生活的了解程度来说，那些行动也是生活在当时环境之下的他们，所能做出的最好的行动。

来访者亦需体会到，小孩子常常会对他们所处的情况做出错误的诠释。但这并不是因为他们太笨，而是因为他们只是孩子，脑部的器官也处于尚未发育完全的阶段。所以在身为孩童时，来访者可能把他们对事物的天真诠释作为基础，从而对他们自己、其他人、这个世界，以及如何过生活做出了一些结论。就像我们其他人一样，作为一般人，来访者也依靠那些童年时期的迷思（myths）来过现在的成年生活，并且有意识地遗忘自己以前其实是怎样的。如果他们成年的生活形态并没有顺利地运作，那原因并不是他们不够聪明，不知道该如何好好过日子。是他们仍依据儿童时期的迷思在过日子，而那些迷思在当时看起来很合理，但实际上仍有些错误之处，或者，那些迷思在当时是对的，但到今天也许已经不正确了。

咨询的目标之一，就是把潜意识的记忆转换成有意识的记忆，然后用的新见解、诠释方式，即来访者成人版的诠释，来检验过往的事实。在这个过程中，我们会发现来访者会重新获得信心，并且会相当有意愿且有能力选择出一套对自己、对他人和对世界的崭新观点。来访者也会依据这些成人版的概念，发展出新的生活形态。

要完成前面所说之事，显然心理咨询师不只需要处理来访者现在的生活，也要处理来访者过去的生活。我想那些只处理此时此刻生活的心理咨询师，和那些只处理过去的心理咨询师，对来访者形成了同样多的损害。唯有对来访者的过去和现在都巧妙地加以处理，才能使来访者有更美好的未来。

9. **千万不要助长来访者的不适当行为**。

我相信，一个人的生活方式正是这个人需要接受心理咨询的主要原因。而来访者有问题的生活形态之片段，必然会被带入咨询关系中。弗洛伊德将此称为移情（transference）。但不论该现象被如何命名，心理咨询师都必须能辨认出这种现象，同时避免自己落入其陷阱当中，扮演起来访者希望心理咨询师扮演的某个角色。

一个认为自己很无助的来访者，常会引发心理咨询师去鼓励他、支持他，接着来访者将会制造麻烦，使心理咨询师不再鼓励与支持他。一个好挑毛病的来访者常常会使心理咨询师想要做出解释，于是来访者就有机会和心理咨询师争辩。这也说明了为何这个来访者会缺少朋友。一个擅长迎合的来访者，能非常轻易地使心理咨询师喜欢他，于是来访者就有机会利用这个他所独有的优势，去达成一些特定的目的。一个具有敌意的来访者能很轻易地让人讨厌他，从而更能证明，心理咨询师就跟其他人没有两样。这种“与其受人摆布，不如先发制人”的例子不胜枚举。重点是，心理咨询师必须能够敏锐地辨认出来访者现在行为的企图，同时千万不要助长来访者的行为。

10. **咨询师必须愿意担任那个使来访者产生不舒服感觉的角色**。

绝大多数想要成为心理咨询师或治疗师的学生都是心肠很好的人，他们会尽其所能地避免伤害其他人，而且他们也会试着让世界变得更美好。我很高兴他们是这种人。但这群学生几乎也是因为上述的因素，难以做到治疗历程中，成为让来访者感到痛苦、愤怒或悲伤的人，而这通常是不可或缺的部分。这些负向的感觉是来访者长久以来想要避开的。扭曲（distortion）、否认（denial）、投射（projection），这些防卫机制，都曾被用来避开一些特定的事实，以及伴随着这些事实而来的负向感受。

如果成功，心理咨询师将帮助来访者放下这些防御机制，并且允许那些他们所畏惧的现实进入他们的生活。当来访者能做到这一点时，才能够带着全部真实的情感去过他们的生活。也唯有如此，来访者才能脱离他们过往的样子。但在这个过程中，他们往往就要去经历所有过去极力避开的伤痛、愤怒或悲伤。心理咨询师必须愿意成为这个引起伤痛的一个角色。而这对于有爱心、有助人之心的人，也就是那些想成为心理咨询师的人来说，并不容易。正是那些把这些人带入心理咨询行业的特质，使得他们无法做好心理咨询工作。这听起来很矛盾吧。但从事这项工作，除了温暖、仁慈和关心之外，还要有某种坚强（toughness）特质。没有这种坚强，将无法成为一名好的心理咨询师。正如我的老师曾教导我的那样：对一个人好向来不是让他觉得你有多好，而是让他觉得世界更美好。

11. **对于他们一向做错的事，来访者称得上是“精于此道”**。

需要清晰地认识到，我们的来访者在“身为他这样的一个人”这方面是专家。而“身为他这样的一个人”意味着来访者过着某种形式的生活，这种生活形式是来访者觉得最好的生活方式。这一点能让我们得知何为来访者信以为真的事实，也就是不论是他在意识层面还是潜意识层面的觉察，我们都可得知。来访者总是表现出自己独有的样子（当然，他们也没办法变成别的样子）。生活使得他们对此不断地练习，再练习，直到擅长表现出某个样子，而这些过程的发生都远远早于他们走进你的咨询室成为来访者。

当来访者来向心理咨询师寻求帮助时，他们已经是很有经验的玩家了。他们反复地演练着他们的角色，直到几乎所有的反应都变得自动化了。而且，他们也会试着让自己的行为维持着自动化反应。所以，当心理咨询师一开始尝试带来改变，但来访者却成功地防御时，心理咨询师不必为此感到惊讶。这就如同即使马厩着火，一匹马也会抵抗着不想被带出来一样。你的来访者也会抗拒你企图把他们从一直以来的行为模式中带出来。当然了，带领来访者脱离旧有模式才是咨询真正的目标。

12. **真诚并不意味着真实**。

通常在咨询中，来访者对于他们自己所说的话都是出自真心的，也是很真诚的，他们很少会蓄意撒谎。然而，我们总是会觉察到来访者告诉我们的事情，有可能是真实的，也有可能不是真的。如果来访者自己相信某些事情，他们就会表现得如同那是真的一样。有些时候，心理咨询师的主要任务也许就是帮助来访者，再次思考他们自己所谓的真实究竟有多可靠。所以，这里面会有些矛盾的是，心理咨询师必须一方面接受来访者所陈述的事实，另一方面保留少许对此事的怀疑。

13. **人与人之间是没有办法不沟通的**。

人与人之间的沟通，就像生命本身一样自然地存在。人之所以为人，很重要且独特的一部分原因就是人们会彼此沟通。我们总是不停地在沟通，无论是针对某些事情，还是用某种方式。有时我们并不能很好地沟通，也并不能准确地沟通，但我们一直在沟通着。

来访者会持续地与我们沟通，比他们自己所意识到的还要多。他们会用眼神、肢体动作、声调的抑扬顿挫、特别的字眼、沉默、刻意强调、忽略或遗忘、溜嘴、微笑，或用眼泪来向心理咨询师传递信息。一般而言，他们会混合着使用上述的方式。而心理咨询师的责任就是尽可能地去理解这些沟通信息的含义，在心理咨询师的训练中就要求这么做。只要心理咨询师能够掌握来访者所传递的信息，并以对来访者有利的方式使用，那么在某种程度上来说，我们身为心理咨询师的工作就算是成功了。

14. **接受人性**。

令人感到惊讶的是，有一大群人竟然会因为他们只是平凡的人而蒙受许多痛苦。有时候，他们显然会相信，如果他们真的试着更努力一些，他们就能变得很完美，而且能够让其他人的生活也过得很美好。

“完美”是一个很强烈的字眼，面对完美这个字眼时，大家都会否认自己会因为不完美而感到内疚。但是更进一步的对谈后，则往往会显露出人们有以下的想法：无论如何，他们应该可以避免犯这个错，应该能够抗拒诱惑，应该能够和某先生和睦相处，应该能够全部做完的，或是应该做到某种程度之类的。但因为实际上没有做到，所以他们感到内疚。唯一能让他们免除这种内疚的方法，就是让他们变成比他们实际上更棒的人。通常，我们最后会发现这可以被解读为要接近完美。

我坚信许多来访者之所以会感觉到没有必要的内疚，是因为他们仍然随身带着自己孩提时代所听到的告诫与苛评，他们并未使用自己成年后的成功经验来淡化、稀释那些告诫与苛评。他们以一种毫不怀疑的方式接受了这些事实（他们以前通常都是乖孩子），而且把这些事实和它的绝对真实性原封不动地收进潜意识里。但其实这种绝对性的存在，通常是因为它们是针对孩童说的。这些以往的真理现在仍萦绕在他们的心头，把他们困在对自我的不合理期待中，而那些没有根据的内疚就是最后的结果。

通常，咨询的目标可能很简单，比如帮助来访者发展出比较实际的期待，无论是对自己还是对他人。很少有什么事情是绝对的。人要么是诚实的人，要么就是不诚实的人；要么是勤勉的人，要么就是懒惰的人；如果不是勇敢的，就一定是胆怯的。以上这些关于人的性格特质都可以放在一个连续的向度上来看待，而不是只看两个绝对端点，而且其他的性格特质大多也是如此。只有少数人的特质会落在连续向度中的某一个极端。我们中的大多数人都是位于两个端点之中的某个地方。

如果我们能够帮助来访者确实了解到，某一种性格特质的连续向度是存在的，并且能帮助来访者找出他们正位于连续向度的什么位置，而且帮助找出他们认识到在连续向度中的什么范围内可以被视为正常，那么我们就有很大的机会消除那些毫无根据的内疚感了。我希望，我的来访者可以很真诚地说："准确来说，我是没有任何问题的，尽管这一切并不尽如人意，但是没有问题。"或能从他们的口中听到，"事实上这就够了，虽然不是完美的，但也显得更为完整了"之类的话。

如果我们可以帮助来访者，对于自己和他人拥有以上的态度，我想，这就算是真正达到治疗效果了。

我希望能把这个观点说明得非常清楚。我并不是在鼓吹人人平庸，而是在提倡用真实的基准来评判我们自己与其他人，并且由此开始接受自己真正的样子。

15. 关于"超我"：要么就使它强一点，要么就使它弱一点，选一个吧。

相信关于超我，认真阅读本书的朋友们并不会感到陌生，因为这是我在教学过程中特别强调的。

关于咨询的理论教学，本人尤为看重的是弗洛伊德以及阿德勒的理论。因为这两位心理学家提供了我认为作为一名心理咨询师所需的全部知识基础。彻底地了解这两位心理学家的理论后，再把他们两个人的想法都舍弃掉一些，就有了进行心理咨询所需要的全部知识了。我个人的诀窍是以这两位心理学家的理论为基础，再去找出或自行创造出比较现代化的治疗形式。不过，我依然很坚定地以这两位心理学家的学说作为我的根本。

不论心理咨询师个人是否同意，超我（superego）或社会良知（social conscience）在任何咨询中都是重要内容。从20世纪60年代到70年代早期，很多心理咨询师都致力协助来访者“发现自我”“做自己想做的事”，以及变成“以自己为中心”。来访者中心疗法、完形疗法以及存在主义心理治疗，都主要用于帮助那些过度社会化，以及过度遵从父母、教会，或其他社会系统之期待的来访者。这方面治疗的努力方向是直接针对“自我”以及“身为我自己”的。其实，这些疗法也只是用另一种方式来讨论如何降低超我罢了。和弗洛伊德之前的情况相比，费兹士·波尔斯（Fritz Perls）使用了不同的术语及不同的治疗模式。但是，他们都把焦点集中在超我上，而且他们也都在试着减低它的作用。

意义治疗法（Logotherapy）、现实疗法（Reality therapy）、基督教治疗法（Christian therapy）、阿德勒治疗法（Adlerian therapy），是20世纪70年代末期的治疗法，而这些疗法则是致力于那些社会化不足的来访者。这些来访者是如此以自我为中心，以至于他们缺乏爱人的能力，也没办法和他人融合在一起。他们是孤独的，而且似乎还无法承诺去做一些超出他们自身的事情。这个“以自己为优先（me first）”的时代，需要心理咨询师帮助他们更社会化，让他们更像社会的一分子，也就是说，假如他们愿意的话，就是加入一个更大的超我。因此在多数的情况下，心理治疗不是在加强超我，就是在减弱超我的力量。

我希望我所指导的心理咨询师能够做到以下几点：首先了解来访者是怎么一回事，其次能明白心理咨询师要做什么，最后带着专业和负责的态度去进行。

16. **愤怒、害怕和沮丧（或悲伤），一直以来就是那些来访者试图避开的事情**。

我时常会将愤怒、害怕和沮丧（sadness）视为心理治疗中的三位一体。其中某种或某些情绪对来访者而言，一定会是很重要的因素，而它们也是来访者试图避开的。

心理防卫机制就是被用来保护来访者不受到一些令人害怕的现实状况的侵扰，因为这些状况会引发前面提到的那些令人痛苦的情绪。而消除或减轻这种防卫机制也正是治疗要做的事。

那些期待在职业生涯中经历快乐和喜悦的学生们，都会被忠告应该避免从事心理咨询这个职业。心理咨询是与愤怒、害怕和沮丧有关的专业。

17. **如果心理咨询师必须对来访者解释什么是心理咨询，那么这位心理咨询师大概还缺乏一定的心理咨询经验**。

一名成熟的心理咨询师很少需要向来访者解释什么是心理咨询，但实习心理咨询师则不然。由我所督导的实习心理咨询师们，时常会觉得他们自己处于那样的情况之中。我认为造成这种情况的原因有好几个，其中一个很明显的是：作为一名实习心理咨询师，他们可能也正在问自己心理咨询究竟是怎么一回事。这样理解后就丝毫不会惊讶了，那些实习心理咨询师的来访者们也只是帮实习心理咨询师们，将他们也想知道答案的问题问了出来。然后，这些实习心理咨询师们就会陷入这个漫长又复杂的问题之中动弹不得。

相信所有的心理咨询师都或多或少地学习过人格理论。但即便有所接触，他们自己也不知道心理咨询究竟是什么。如此一来，他们怎么可能在第一次晤谈时，就使来访者明白心理咨询是什么呢？此外，当心理咨询师正在说明心理咨询是什么的时候，他就没办法同时进行心理咨询工作了。所以此时，不论是来访者还是心理咨询师，都没有处于咨询历程之中。然而，对于咨询历程的亲身体验，其实远比任何解释性的说明都更能让人理解心理咨询是什么。

以我自己为例，当我正被来访者问及“心理咨询是什么”这样的问题时，我通常会选用以下这种方式来回答：“听起来似乎你还不太明白心理咨询究竟是做什么的……”或是说：“你会有哪些疑虑呢？”对于实习心理咨询师该如何回答这样的问题，我不赞成对此给出机械性的提示，更多的是希望心理咨询师继续保持同理心，以做出真诚且好奇的回应。而这也是最好的回应方式，因为从一定程度上来说，心理咨询师能够稳定地保持在咨询历程之中，那么心理咨询就是存在的，双方也才有机会真正地体验到心理咨询是什么。

假如心理咨询师中断这一历程，那么心理咨询也就不复存在，同样地，也就更不可能认识到“心理咨询是什么”。再者，正如我们在前文中强调的，往往真正解决问题的方式都在心理咨询师对面的那张椅子上。因此，请保持咨询历程的继续，也允许来访者称我们为老师，这就是我能给出的最好的答案。

18. **太容易哭泣的人，通常只是在掩饰他们的愤怒；太容易生气的人，往往只是在掩饰他们的眼泪**。

如同我们常说的，听一个人说话往往不能只听他说了些什么，还得学会听他没说的是什么。简单点说，就是不要仅从表面来解读事情。来访者已经发展出各式各样的行为模式来隐藏事实，而不是把事实显露出来。很多时候他们是潜意识地在这么做，是因为在很大程度上，他们觉得真相实在是太难以承受了，不论从他们自己的角度来看，抑或是从别人的角度来看。弗洛伊德从他的来访者身上看到了这种现象，并且把这类隐藏的行为称为“防御机制”。在咨询历程中，心理咨询师需要对内容包括来访者所使用的防卫机制保持持续的敏感，更要避免被防御机制误导，并且帮助来访者停止依靠自己的防御机制来生活。唯有来访者开始用一种更诚实的态度去面对真实的世界时，他们才有可能更有效率地面对且处理好自己的生活。

然而，这一切都发生在来访者的潜意识之中，也就是说，无论是误解现实还是扭曲现实，都不是来访者故意为之的。他们是真的成功欺骗了自己，就如同他们也欺骗了身边其他人一样。只是在我们看来，他们欺骗周围人的意味要更明显一点。而心理咨询师有此责任辨识出这些防御机制，并且去改变它们。这样一来，就会使心理咨询师成为一个很不同于友人和邻居的助人者。没有受过训练的助人者，会试着去处理一些显而易见的事情。但当发现这么做还不够时，可通过受过训练的助人者，借由倾听、观察潜意识中存有的事实，并把潜意识中的事实带到来访者的意识之中，令其觉察出来，使得来访者有机会用更为坦诚的方式去处理这些重要的真相。

19. **那些看似很会控制自己情绪的人，通常其控制力所影响的范围会比自己认为的还大。**

不知道各位是否了解这样一项研究，它研究的是常年奔波于高速公路上的司机。我们接下来要讨论的情绪控制，以及压抑事实的行为，和这项研究的发现密切相关。这项研究发现的是，尽管那些驾驶经验丰富的老手说，他们驾车进入高速公路的入口匝道时是冷静且自信的，但那时仪器所侦测到他们的心跳速率、呼吸、流汗以及肌肉的紧张程度等生理指数，均显示他们的身体当时正处于一种几近恐慌的状态。尽管这些司机能够若无其事地欺骗自己，使自己认为对此并不感到害怕（的确，这样一来，他们就可以在日常生活情境中的重要功能上表现得很正常），但他们的身体却没有被骗。他们的身体处于极大的压力下，不论自己承不承认。总有一天他们的身体会显现出压力所造成的长期效应。但是，这些司机却没有办法理解自己的身体为什么会出现这种现象。毕竟，对于他们而言，在高速公路上开车，仅仅是日常生活的部分而已。

类似的情况也随时随地地发生在我们每一个人身上。我们觉得在生活中有些事情必须加以控制，才能好好地过日常生活，且在意识层面上，我们也成功地否认了自己一直在对这些事情进行控制。但是，否认这些事情并不意味着事情就真的不存在了，也不意味着我们自己没有受到这些事情的影响。因此，心理咨询师的工作，常常就像研究中那些连接在司机身上的生理测量仪器一样，即让真相能够被认知——尽管驾驶员极力否认有这件事情的存在。

20. **很多时候，来访者与心理咨询师其实正处于某种交战状态，它们会发生在咨询关系的不同时刻。**

尽管这一说法听起来有些夸张，却也是一个值得强调的观点。因为我觉得近五十年来的人本主义心理治疗似乎过度轻视，甚至忽略了这一点。在罗杰斯及其追随者最风光的年代，至少有一个既被明确表示，又极具暗示性的非常盛行的想法，那就是只要提供一个温暖且包容的环境，来访者就会自动地展现出某种美好的样子。就好像玫瑰的绽放一样，因为人类的天性就是如此。

于是，关于抗拒、防御机制、移情、尽管会付出一定的代价却仍持续着某种生活形态、潜意识历程与动机，以及把信念系统当成行为基础的这些概念就被轻忽了。取而代之的是强调，神经症是生活中有条件式的正向关怀的环境所致，因而要治疗神经症就必须仰赖一个具有无条件正向关怀的环境。由此人们认为，为了使来访者有所进步，心理咨询师或心理治疗师唯有提供一个无条件正向关怀的环境才能办到，而且只要提供这样的环境就万事俱备了。

我个人自然不同意这样的看法。因为除了在婴儿期的几年之外，无条件的爱或接纳在真实生活中并不存在。生活中一旦人拥有了足够的知识以及能够负责任的能力，爱和接纳就变成有条件的了。

在我的观点里，这是生命的一般常态。虽然我也确实相信：心理咨询师必须喜欢来访者，以及来访者必须相信心理咨询师是站在他这一边的。但是我认为咨询工作想要取得成效，仅凭这两点是不够的，应该还有更多的要素存在才对。而且有时候，咨询关系中的双方就像是在打仗一样。只不过当双方正处于这种情况之中时，心理咨询师的目标并不是打赢这场战争；相反地，心理咨询师的目标是让来访者没有办法打赢。如此一来，新的生活模式才能明确。

参 考 文 献

［1］ 车文博. 西方心理学思想史［M］. 长沙：湖南教育出版社，2007.

［2］ CARNEVALE J P. Counseling gems: Thoughts for the practitioner［M］. Indiana: Accelerated Development Inc., 1989.

［3］ 叶浩生. 西方心理学理论与流派［M］. 广州：广东高等教育出版社，2004.

［4］ 汪新建. 当前心理咨询师培养中出现的问题及其对策［J］. 中国心理卫生杂志. 2005（10）：709－711.

［5］ 赵旭东，丛中，张道龙. 关于心理咨询与治疗的职业化发展中的问题及建议［J］. 中国心理卫生杂志，2005，19（3）：221－225.

［6］ 弗里·科特勒. 心理治疗师之路［M］. 林石南，黄秀琴，黄思旅，译. 北京：中国轻工业出版社，2005.

［7］ 陈祉妍，刘正奎，祝卓宏，等. 我国心理咨询与心理治疗发展现状、问题与对策［J］. 中国科学院院刊，2016（11）：1198－1207.

［8］ 张日昇，徐洁，张雯. 心理咨询与治疗研究中的质性研究［J］. 心理科学，2008（3）：681－684.

[9] 江光荣. 心理咨询的理论与实务 [M]. 北京：高等教育出版社，2005.

[10] 于鲁文. 心理咨询导论 [M]. 北京：清华大学出版社，2000.

[11] 吴芳，余海军. “共情”与“反移情”的比较 [J]. 赤峰学院学报（自然科学版），2011（5）：31-32.

[12] 贾晓明. 现代精神分析与人本主义的融合——对共情的理解与应用 [J]. 北京理工大学学报（社会科学版），2004（5）：36-38.

[13] 姜永志. 古典精神分析客体关系取向的修正与发展——从社会文化到客体关系的转向 [J]. 西北师范大学学报（社会科学版），2015（1）：91-96.

[14] 任其平. 影响问题解决的心理因素 [J]. 安庆师范学院学报（社会科学版），2003（2）：103-106.

[15] 邱官钦. 心理学初学者，你躺中了几枪？——心理学学习者容易趟炸的那些雷 [J]. 社会心理科学，2016（8）：59-67.

[16] 宗敏，赵静，贾晓明. 基于区辨模式对不同发展水平咨询师督导历程的比较 [J]. 中国心理卫生杂志，2015（12）：914-920.

[17] 安芹，贾晓明，戴彦清，等. 新手咨询师首次心理咨询实践的专业技能表现 [J]. 中国心理卫生杂志，2015（12）：895-900.

[18] 李强，许丹，高文珺. 心理咨询师报考者个人经历的质性研究 [J]. 中国心理卫生杂志，2008（2）：152-156.

［19］倪竞，侯志瑾．新手咨询师行为反思的轨迹变化［J］．中国临床心理学杂志，2014（2）：367－372.

［20］张日昇，徐洁，张雯．心理咨询与治疗研究中的质性研究［J］．心理科学，2008（3）：681－684.

［21］胡姝婧，江光荣．心理咨询过程－效果研究现状及展望［J］．心理科学进展，2008（4）：567－575.

［22］张宁，李箕君，袁勇贵．对心理咨询及咨询师的期望与要求的研究［J］．中国心理卫生杂志，2001（4）：250－252.

［23］郑日昌．心理测验与评估［M］．北京：高等教育出版社，2005.

［24］张书帏．心理咨询师人格与修辞人格之间关系初探［J］．福建医科大学学报（社会科学版）．2010（4）：42－44.

［25］吕伟红．心理咨询的共通因素与咨询师的人格条件［J］．学术交流，2009（2）：187－190.

［26］温培源，霍大同，张日昇，等．谁适合做心理治疗师？——对心理咨询与心理治疗专业人员资格的讨论（Ⅱ）［J］．中国心理卫生杂志，2001（3）：214－216.

［27］李晓虹，杨蕴萍．心理治疗与心理咨询的职业化发展及现状［J］．国外医学：精神病学分册，2005，32（2）：93－96.

［28］梁祥凤，周和岭．论心理治疗“此时此地”原则的时空价值［J］．医学与哲学（人文社会医学版），2008（1）：40－41.

［29］蔺桂瑞．心理咨询员的个人成长［J］．中国青年政治学院学报，2002，21（2）：57－60.

[30] 孟莉. 心理咨询师专业发展中的个人成长 [J]. 陕西师范大学学报（哲学社会科学版），2004（2）：117 - 121.

[31] 王瑞华. 罗杰斯人本治疗模式的特色及启示 [J]. 长沙大学学报，2005（1）：14 - 17.

[32] 朱宝荣. 心理哲学 [M]. 上海：复旦大学出版社，2004.

[33] 谭景峰. 见素抱朴，返璞归真——浅析人本主义人性观在心理治疗中的作用 [J]. 和田师范专科学校学报，2010（5）：227 - 228.

[34] 王茜. 心理咨询师职业枯竭成因探析 [J]. 福建论坛（人文社会科学版），2011（S1）：113 - 114.

[35] 张维晨，吉阳，李新，等. 认知融合问卷中文版的信效度分析 [J]. 中国心理卫生杂志，2014（1）：40 - 44.

[36] 戴晓阳. 常用心理评估量表手册 [M]. 北京：人民军医出版社，2010.

[37] 曾昱. 罗杰斯心理治疗观述评 [J]. 淮北师范大学学报（哲学社会科学版），2011（1）：168 - 171.

[38] 徐红. 罗杰斯"以人为中心疗法"与中国文化的精神沟通 [J]. 心理科学，2000，23（1）：121 - 122.

[39] 李娟娟. 心理咨询中的价值中立原则 [J]. 北京教育学院学报（自然科学版），2008（1）：13 - 18.